LIVRE DE COLORIAGE

ANIMAUX HABILLÉS

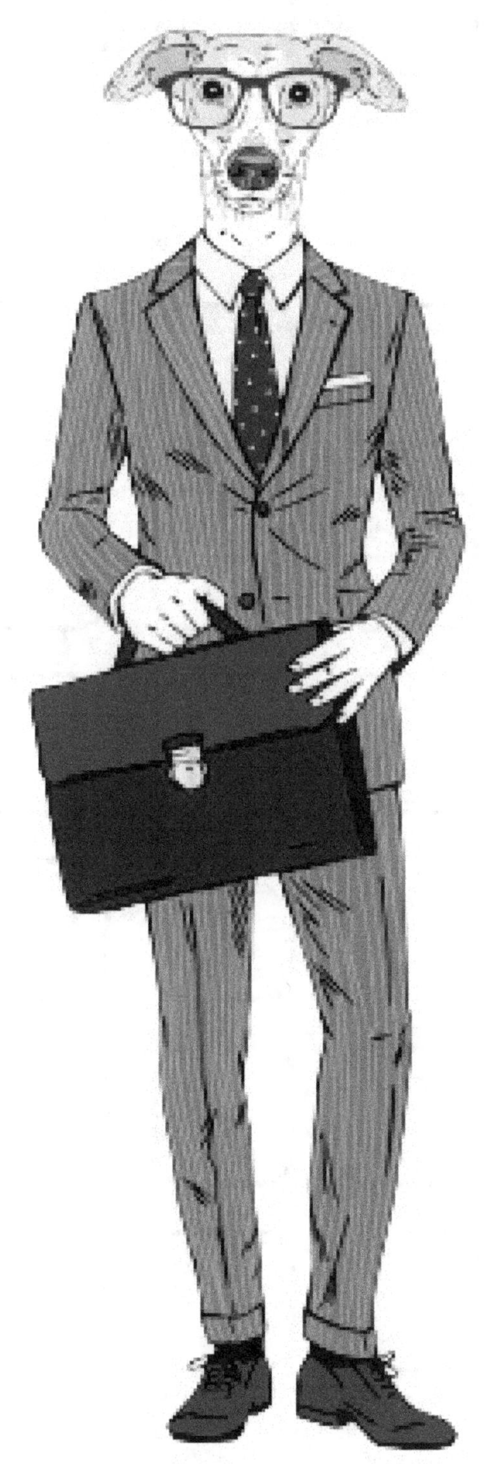

Page test couleur

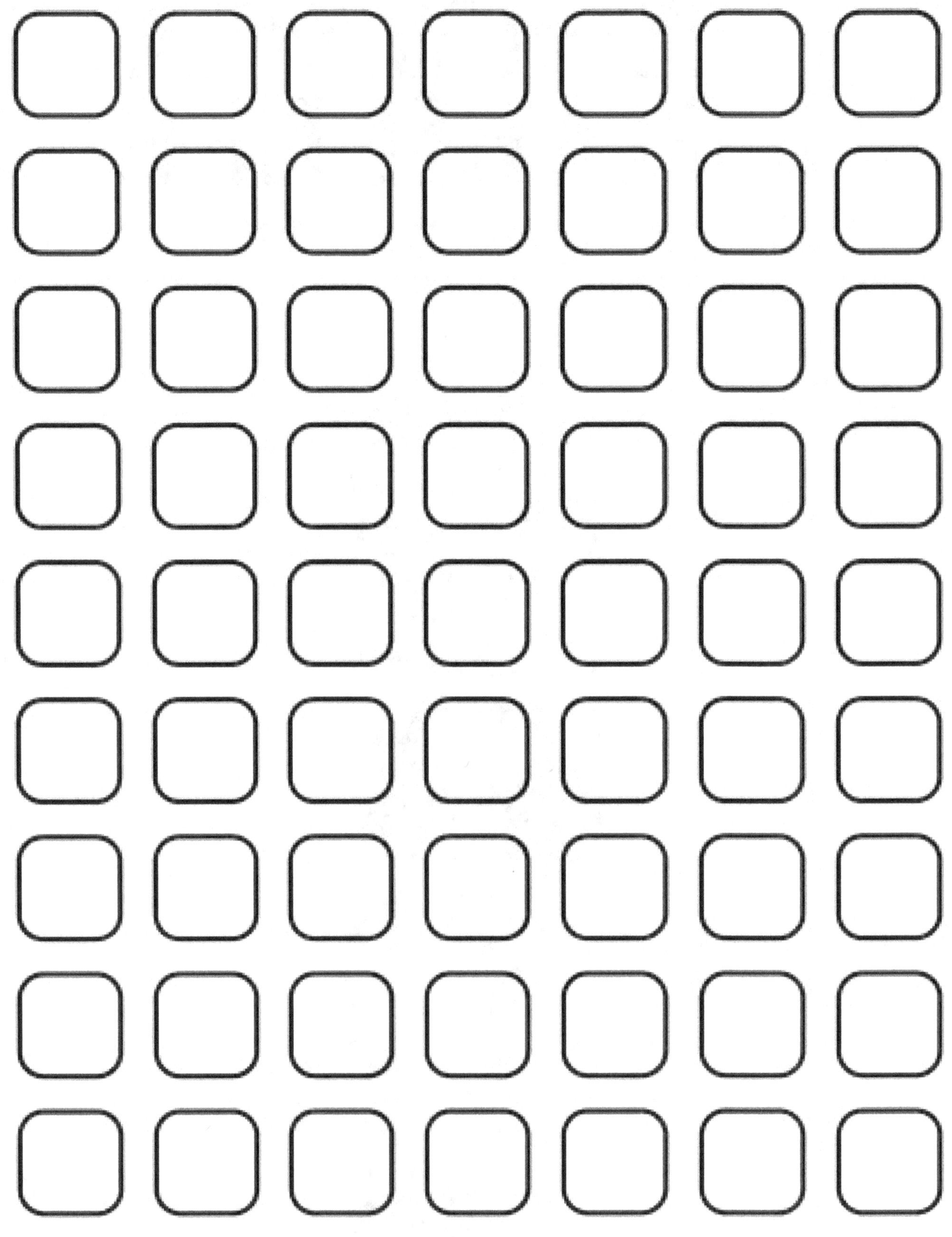

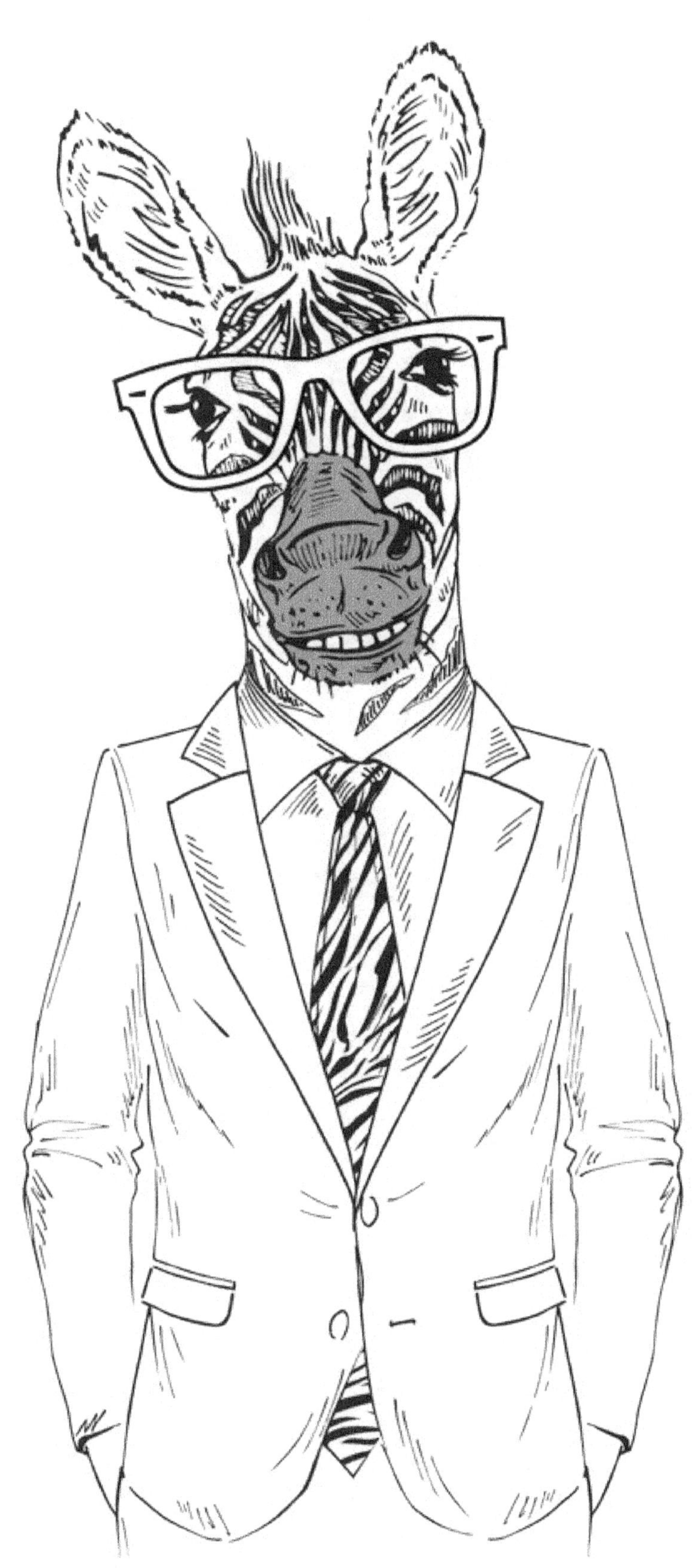

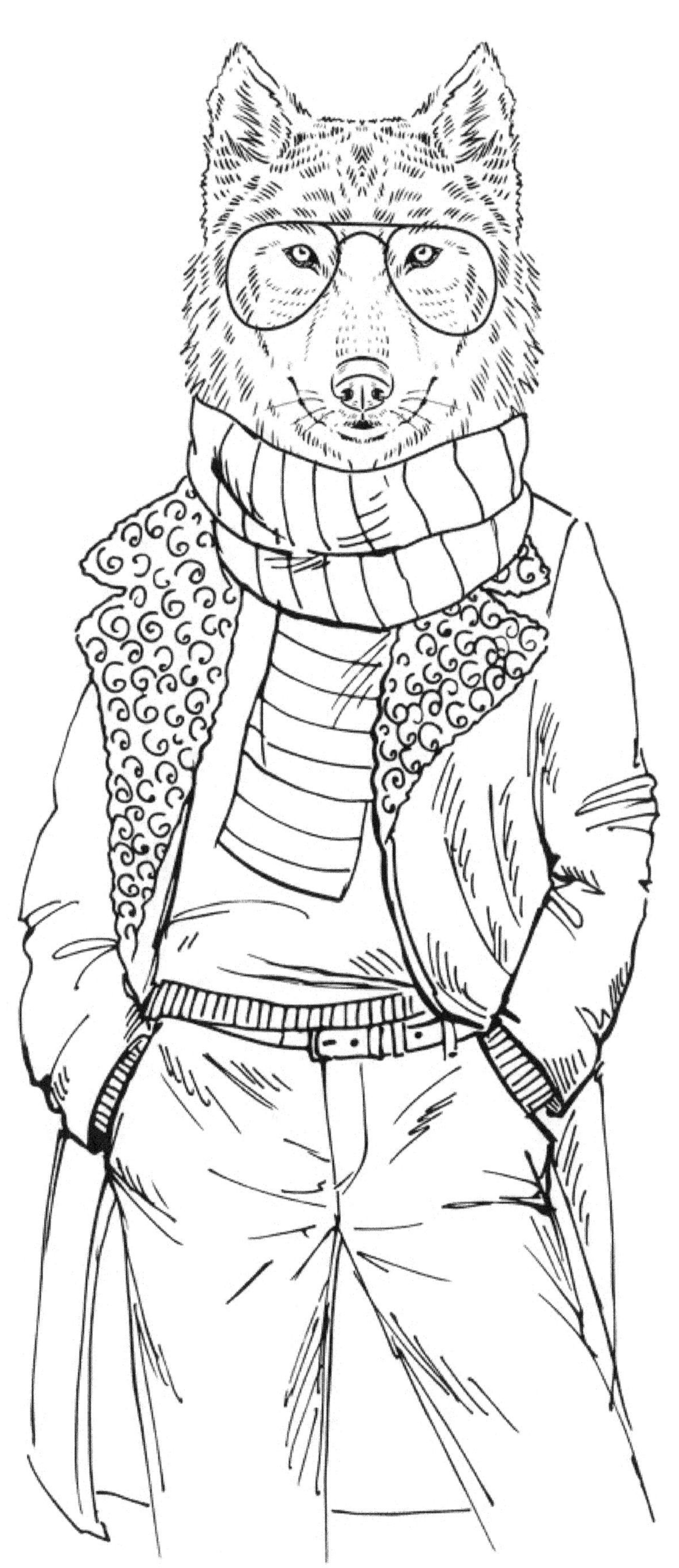

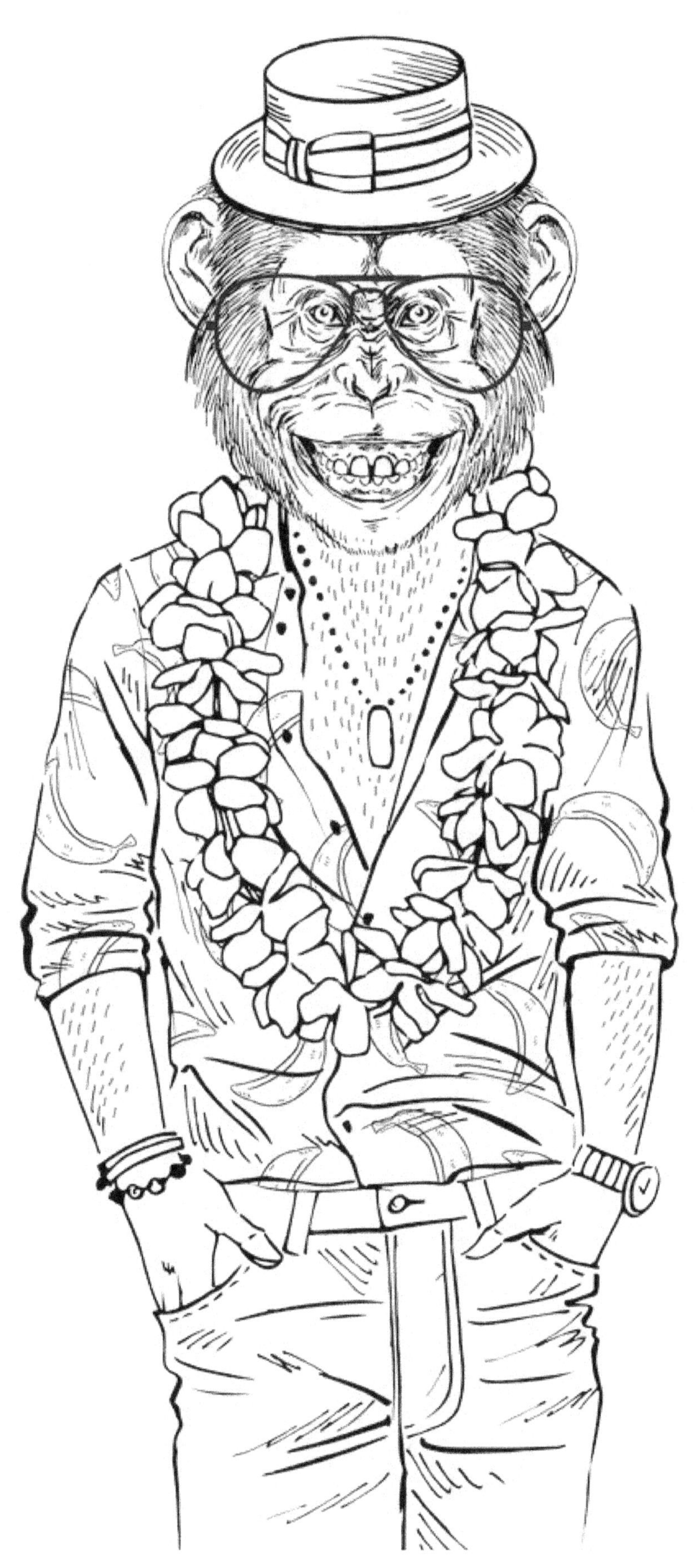

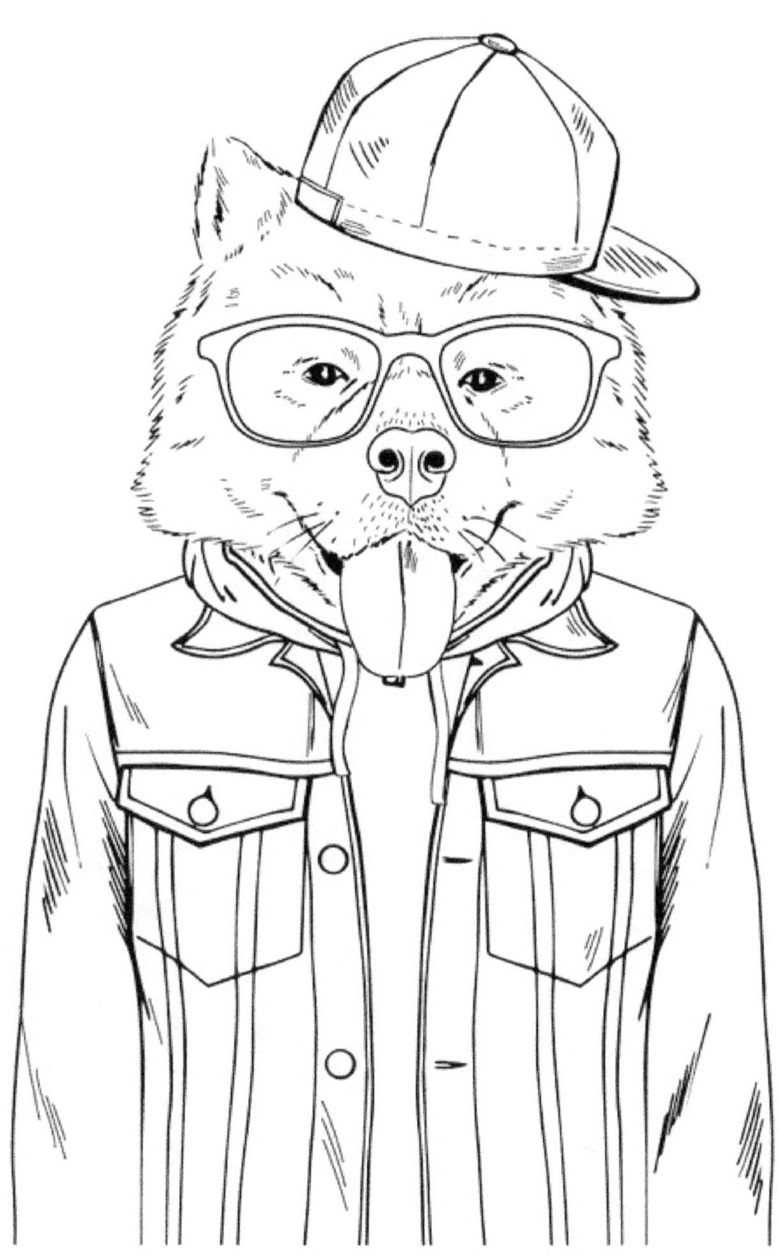

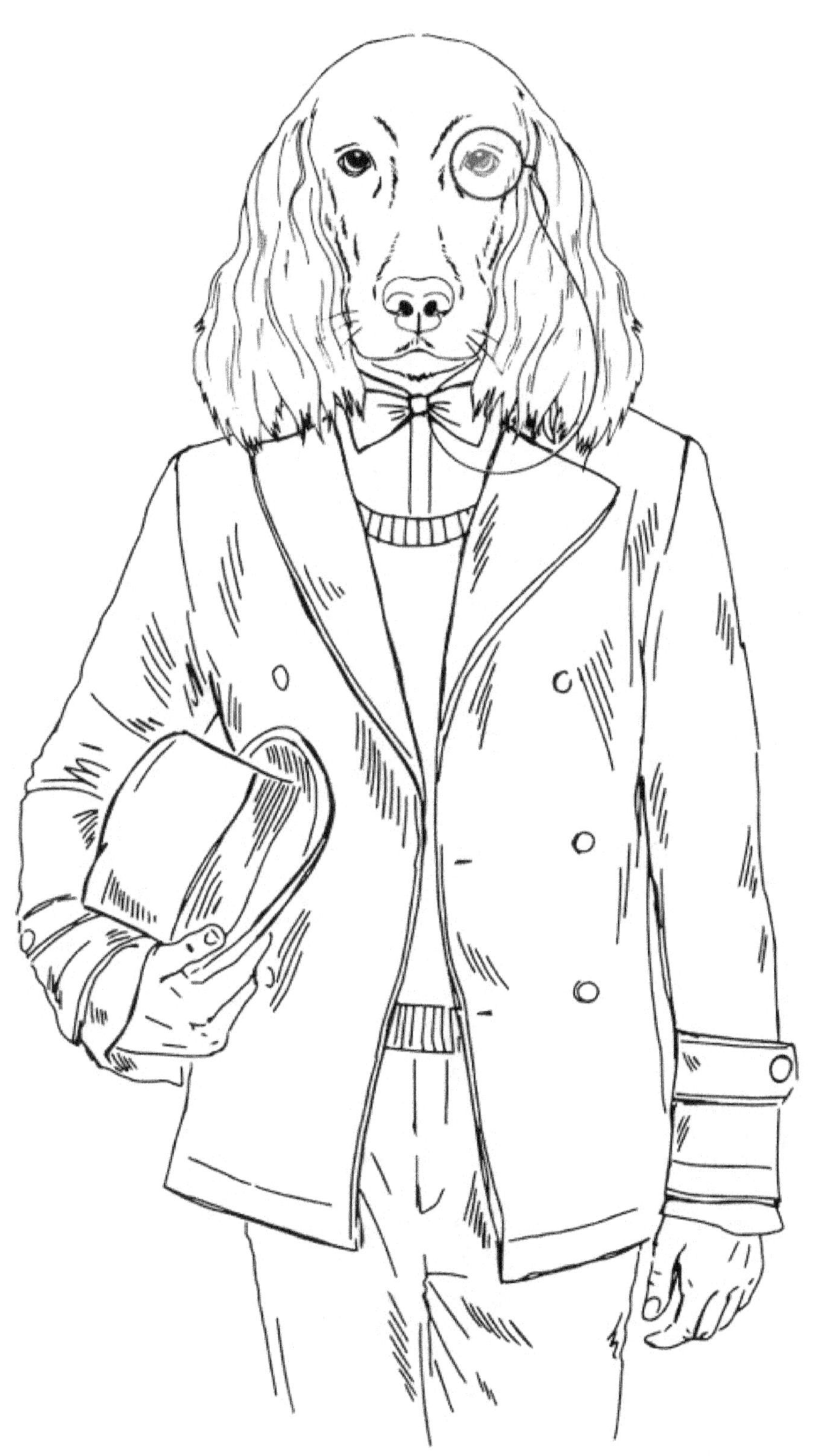

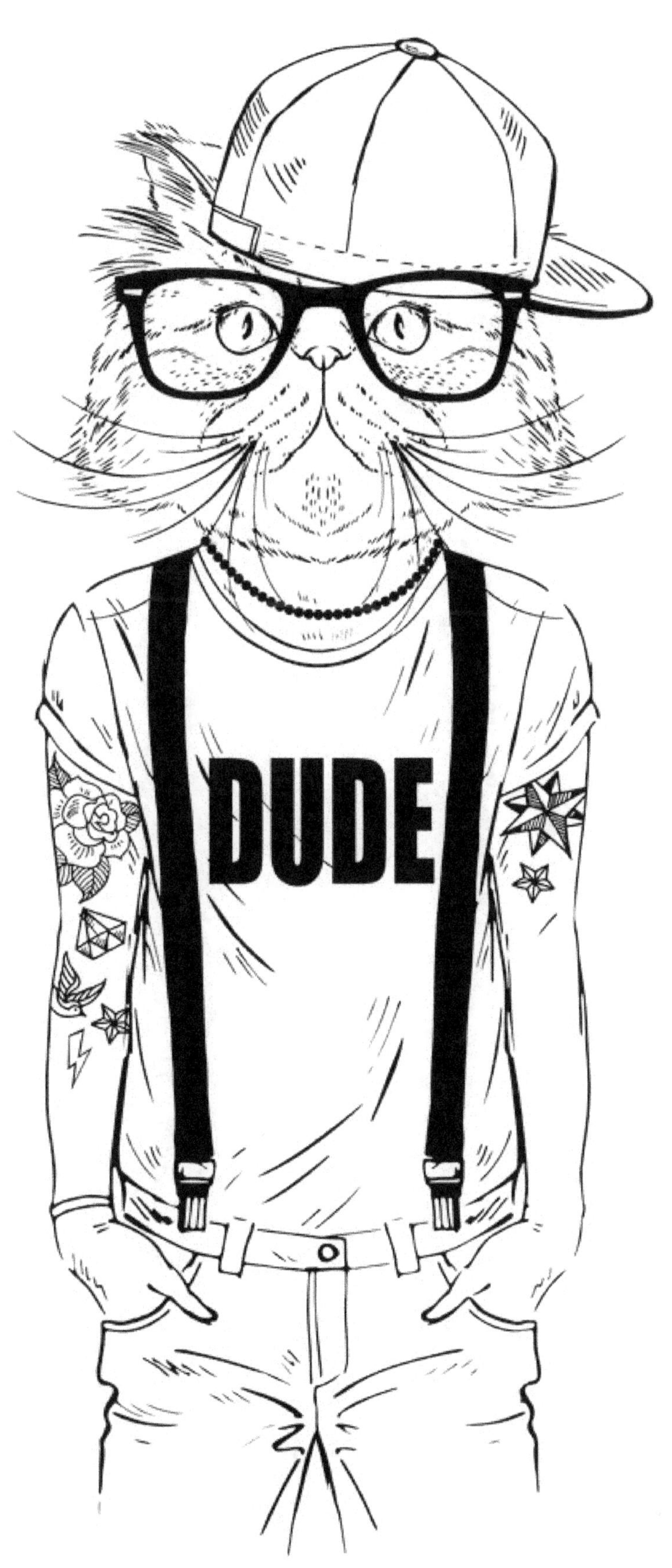
DUDE

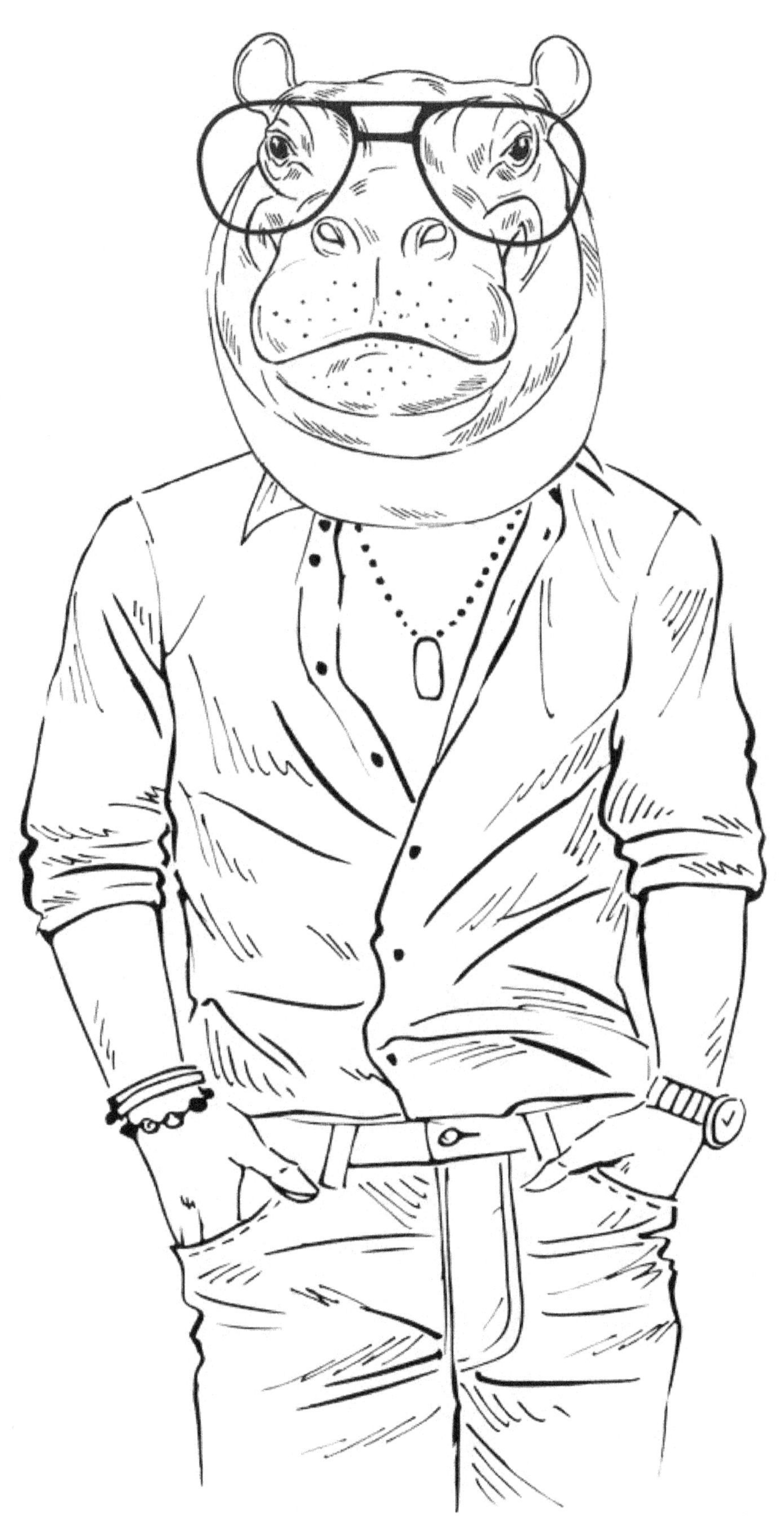

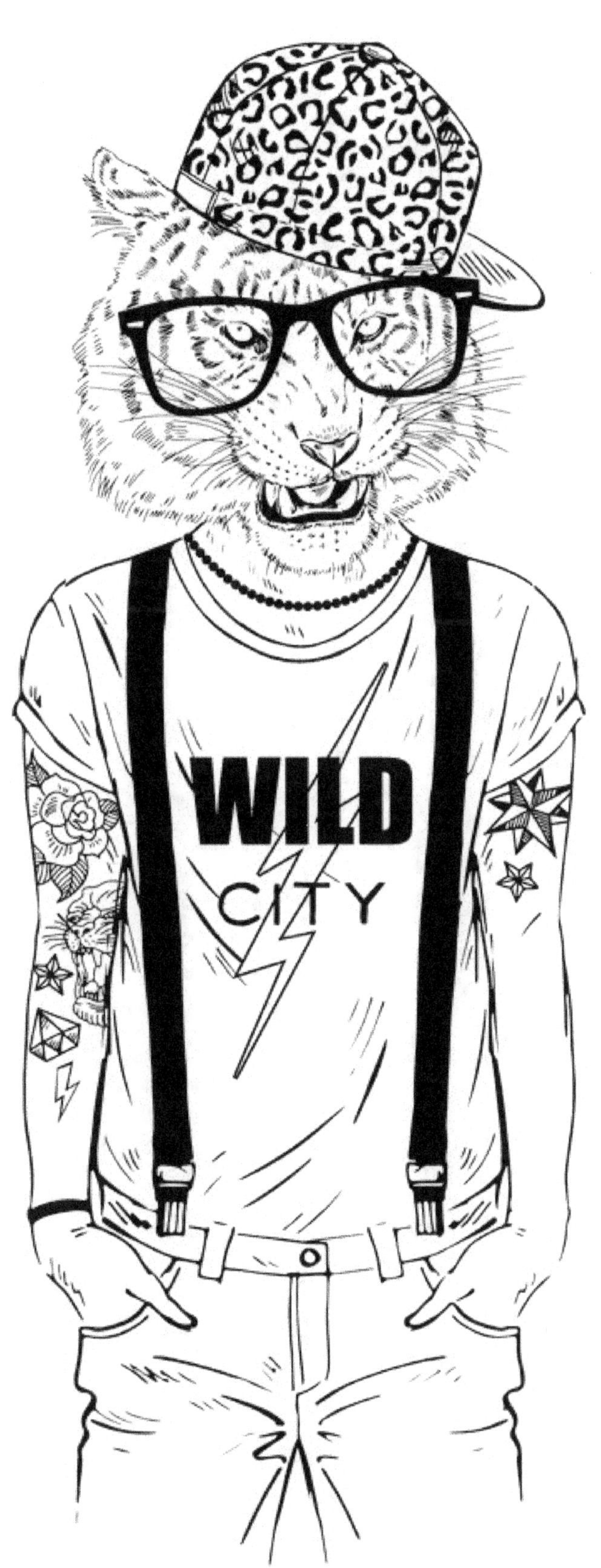
WILD
CITY

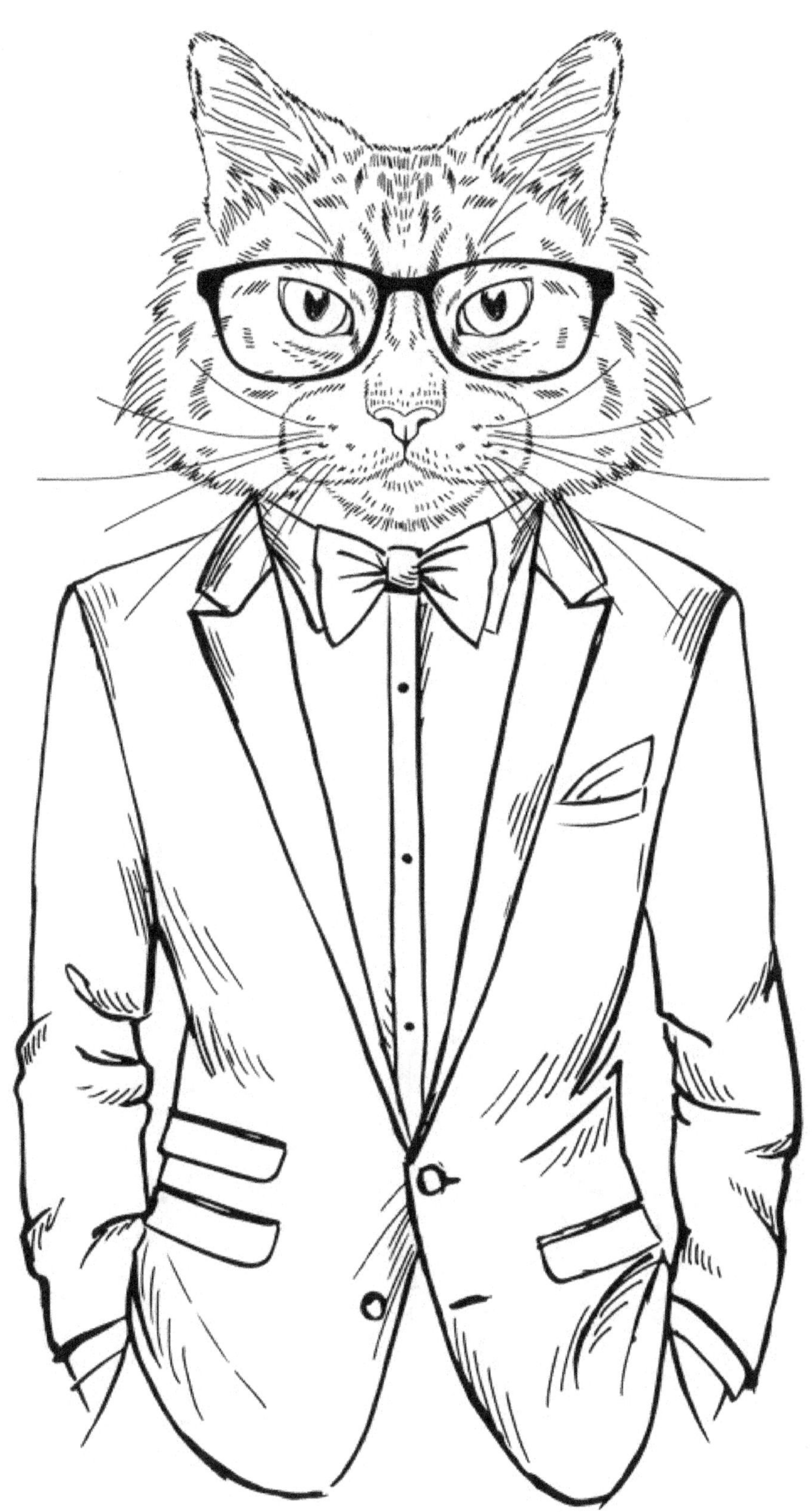

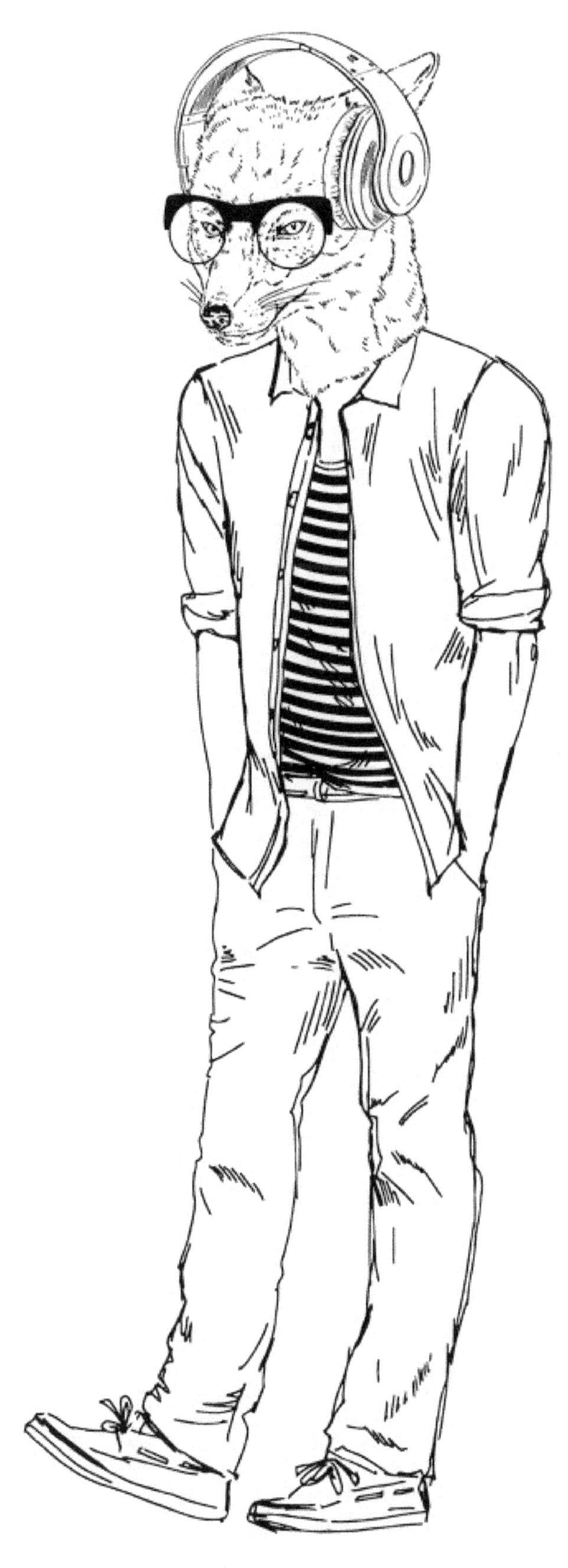

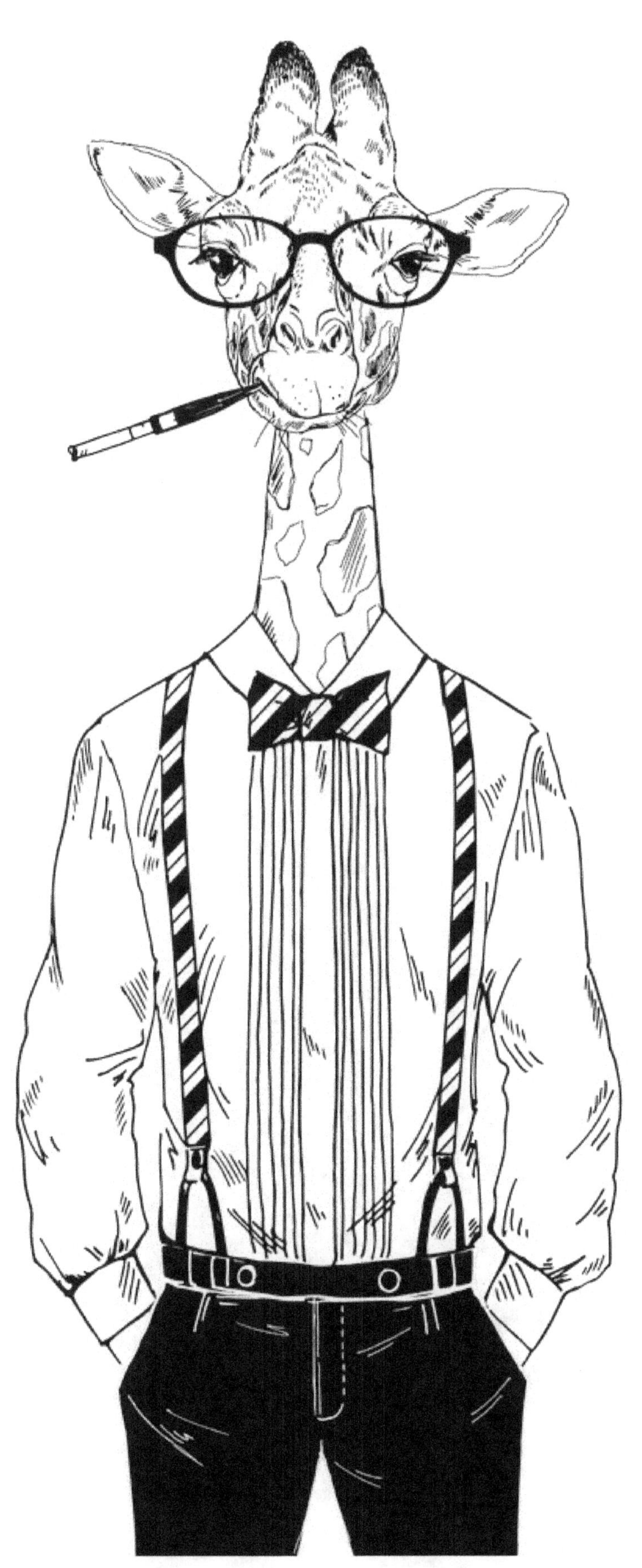

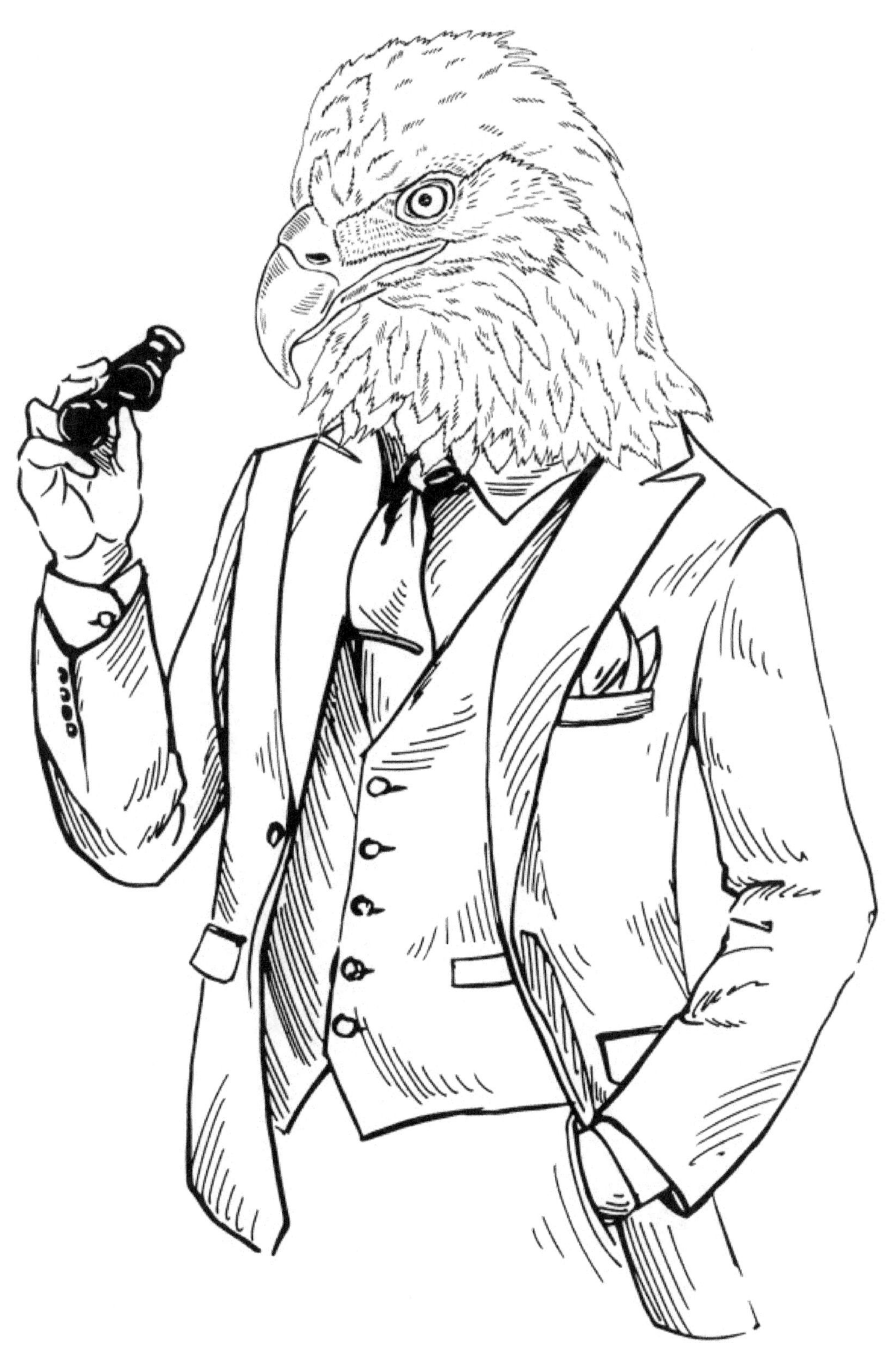

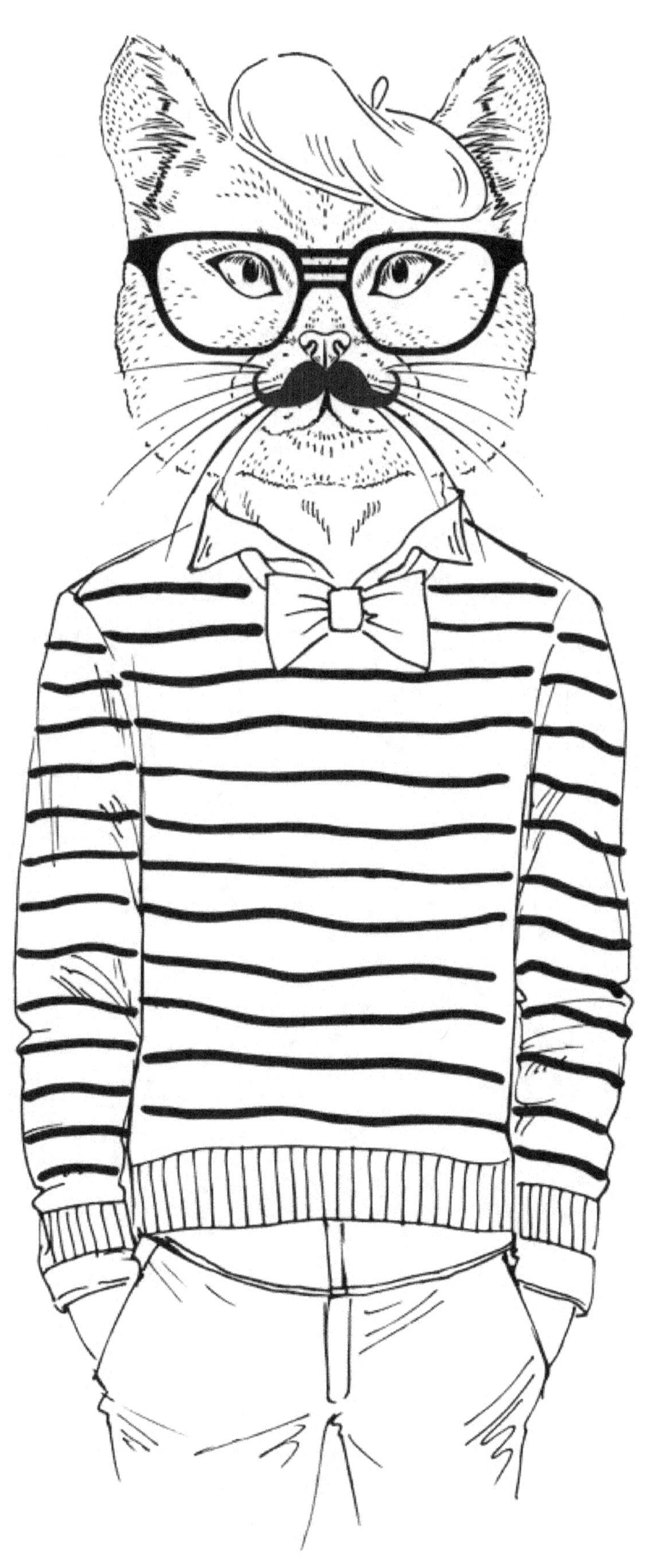

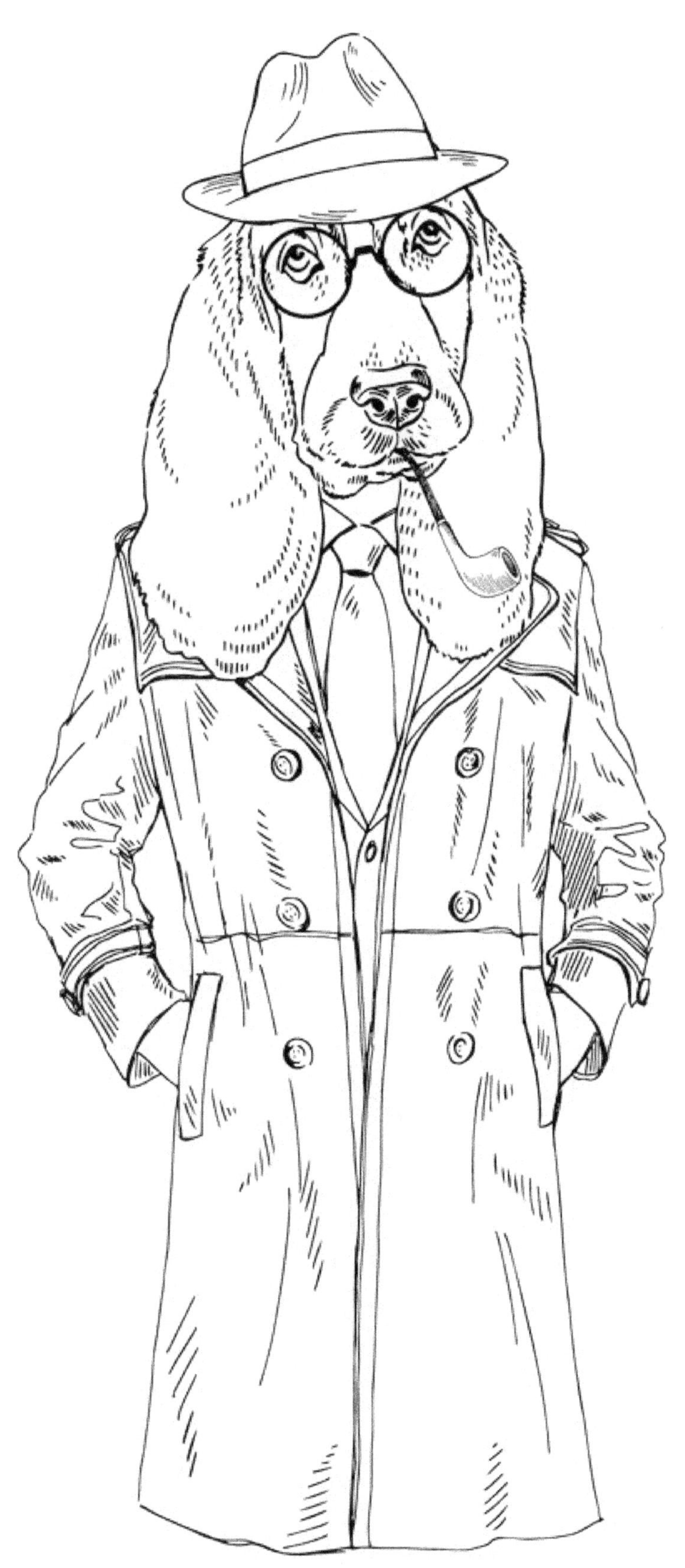

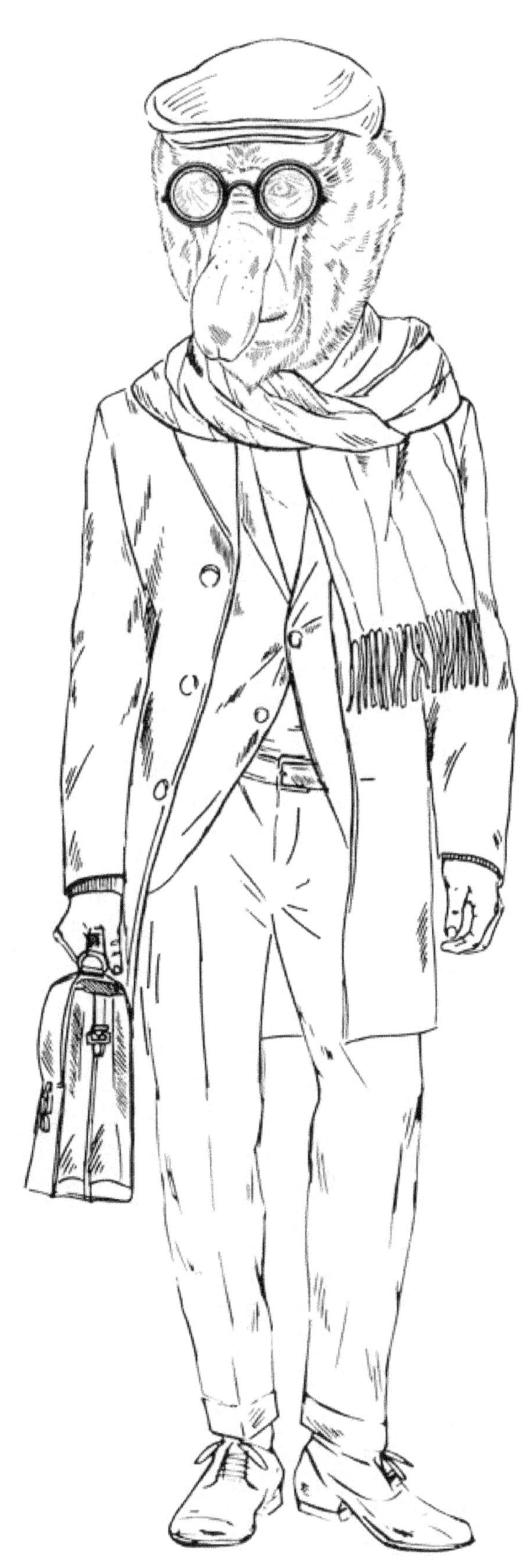

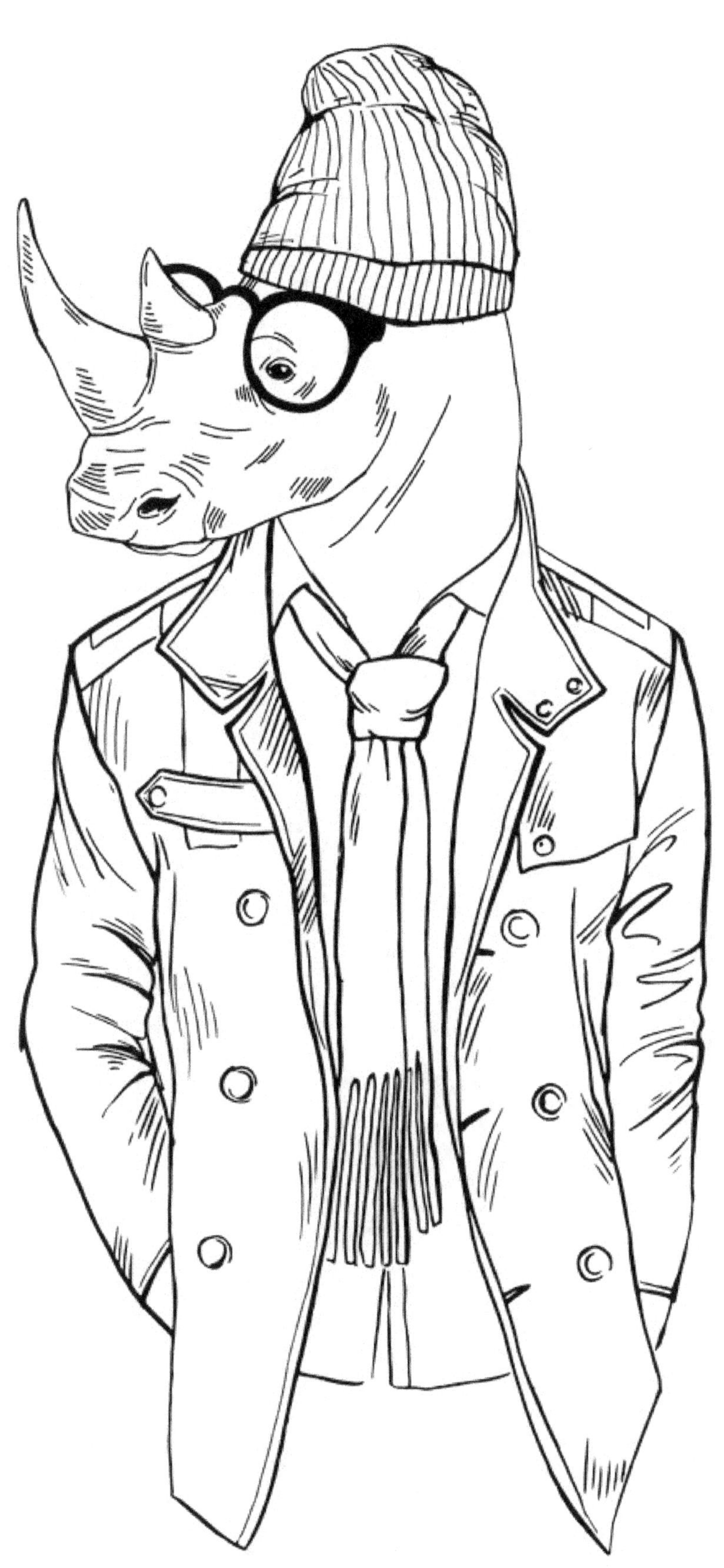

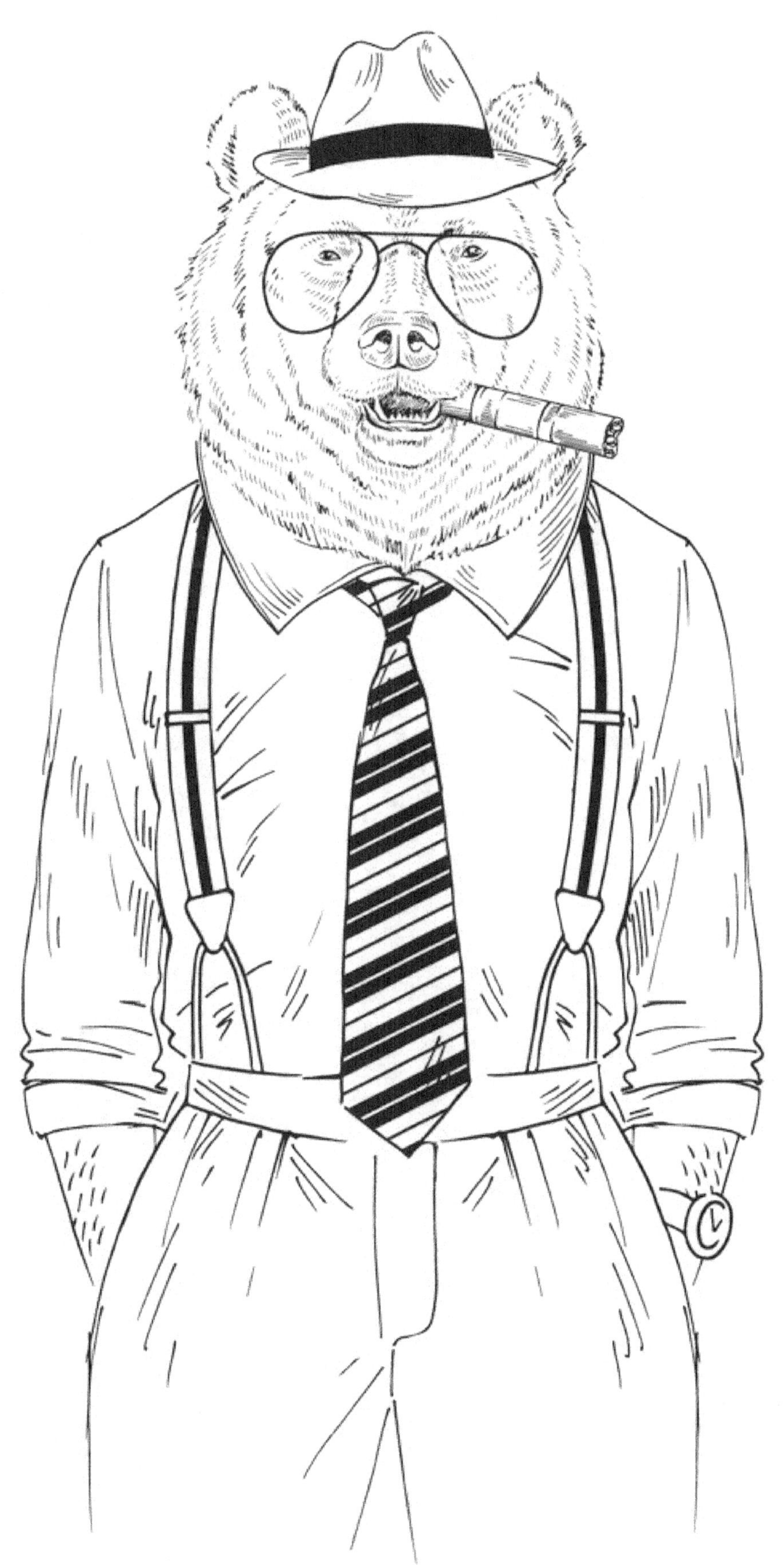

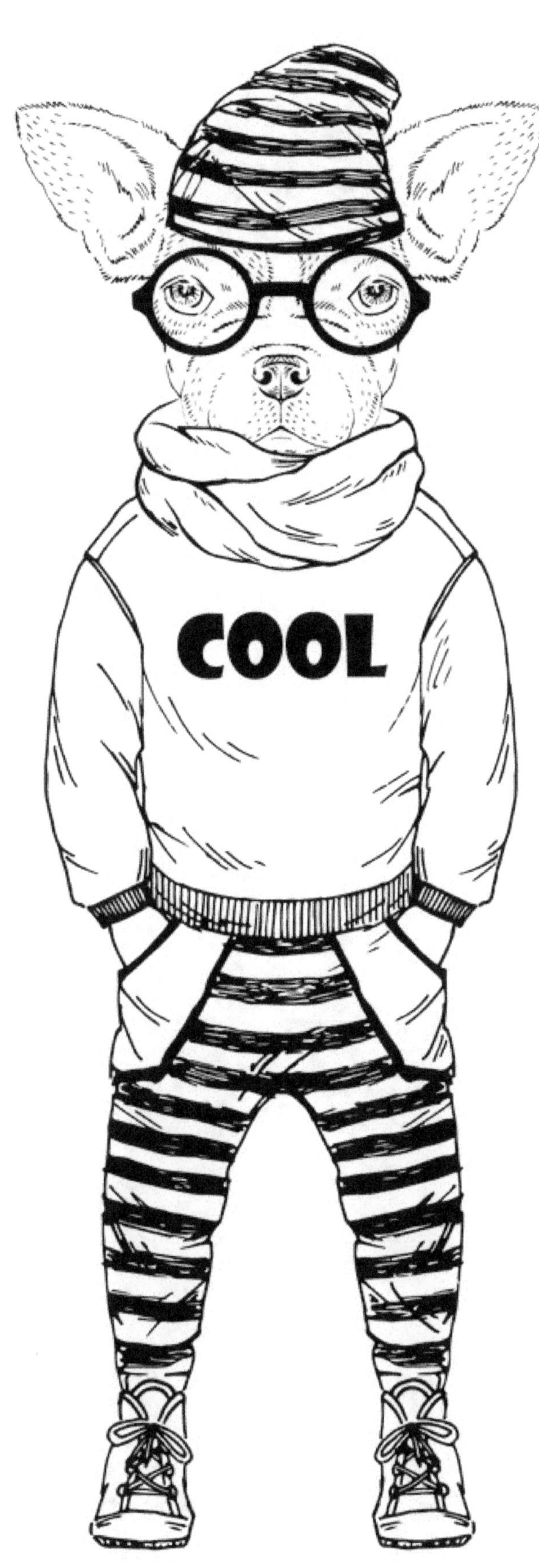
COOL

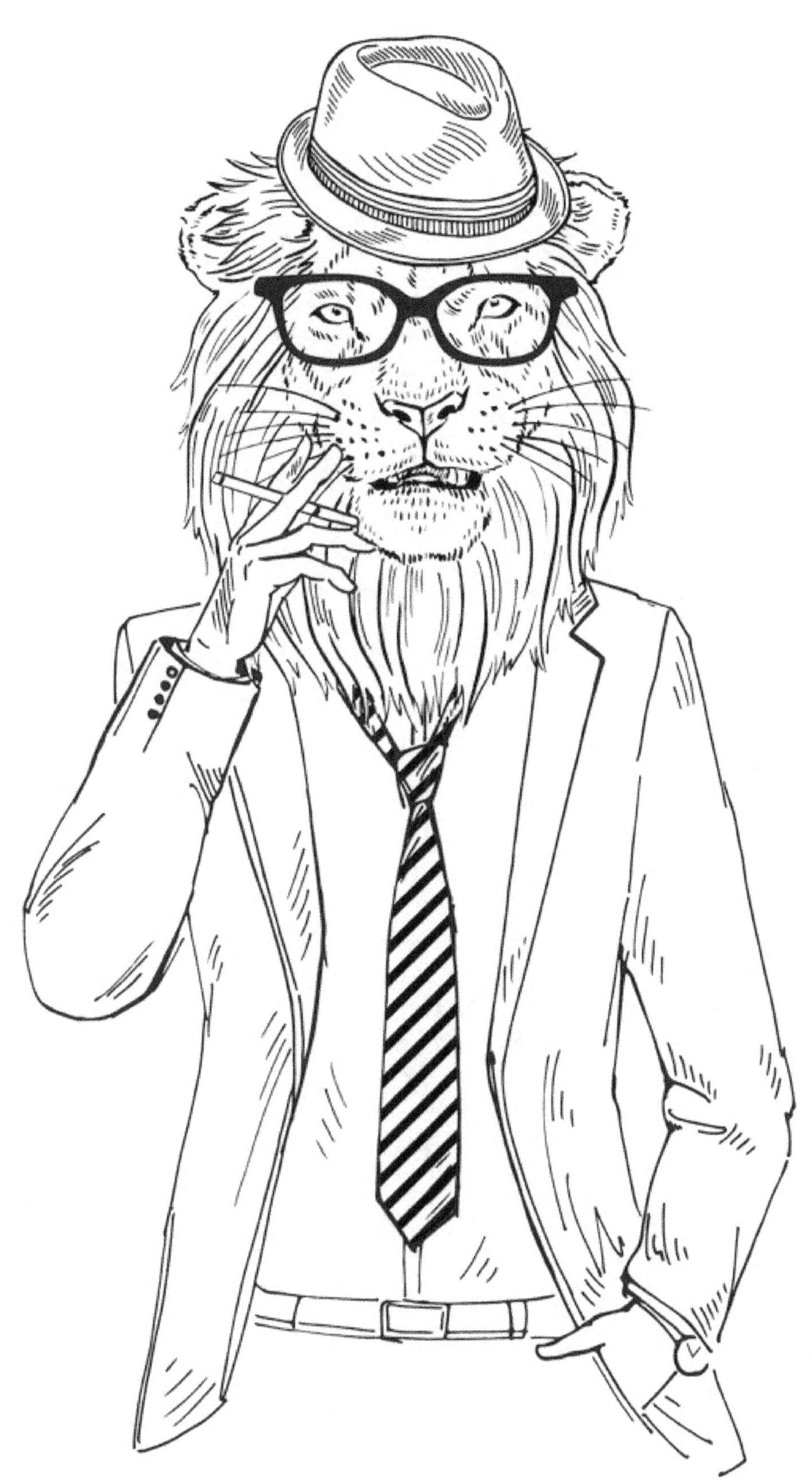

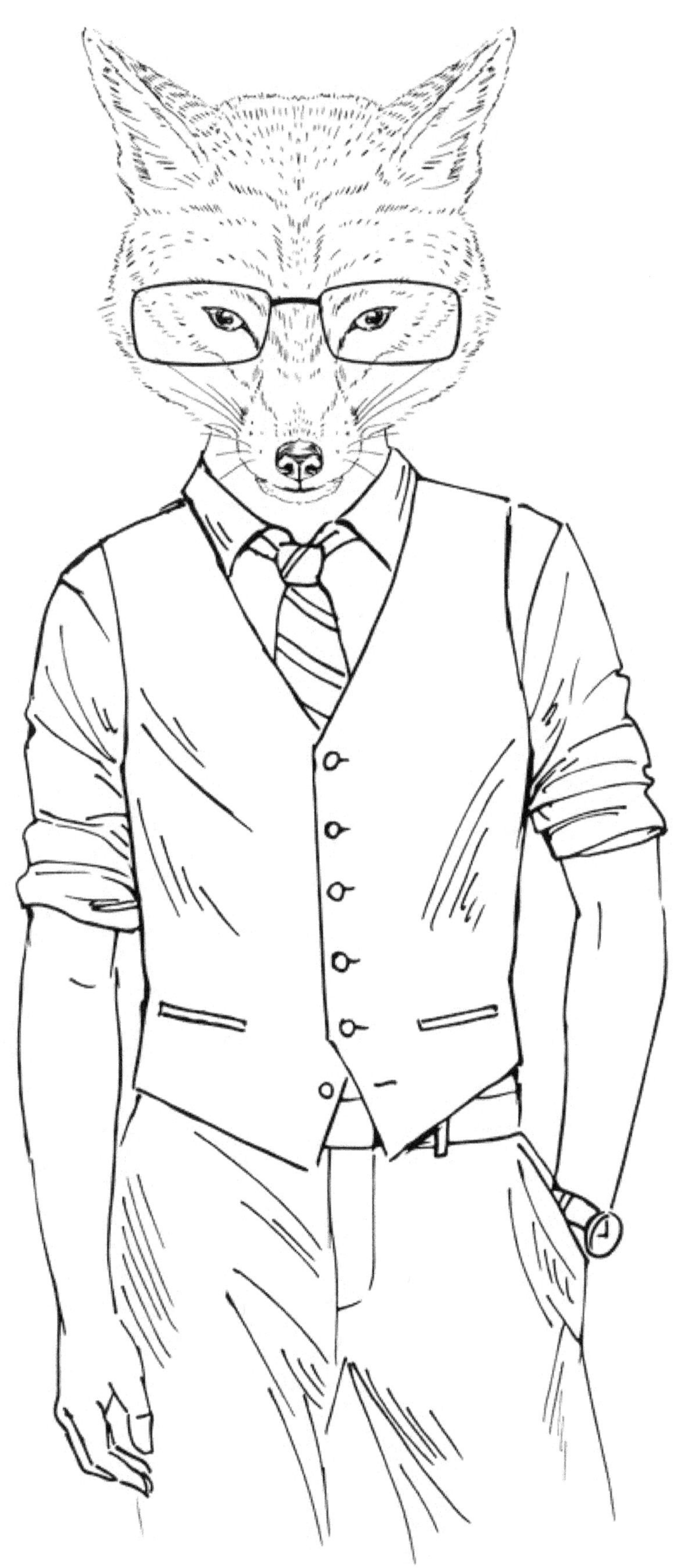

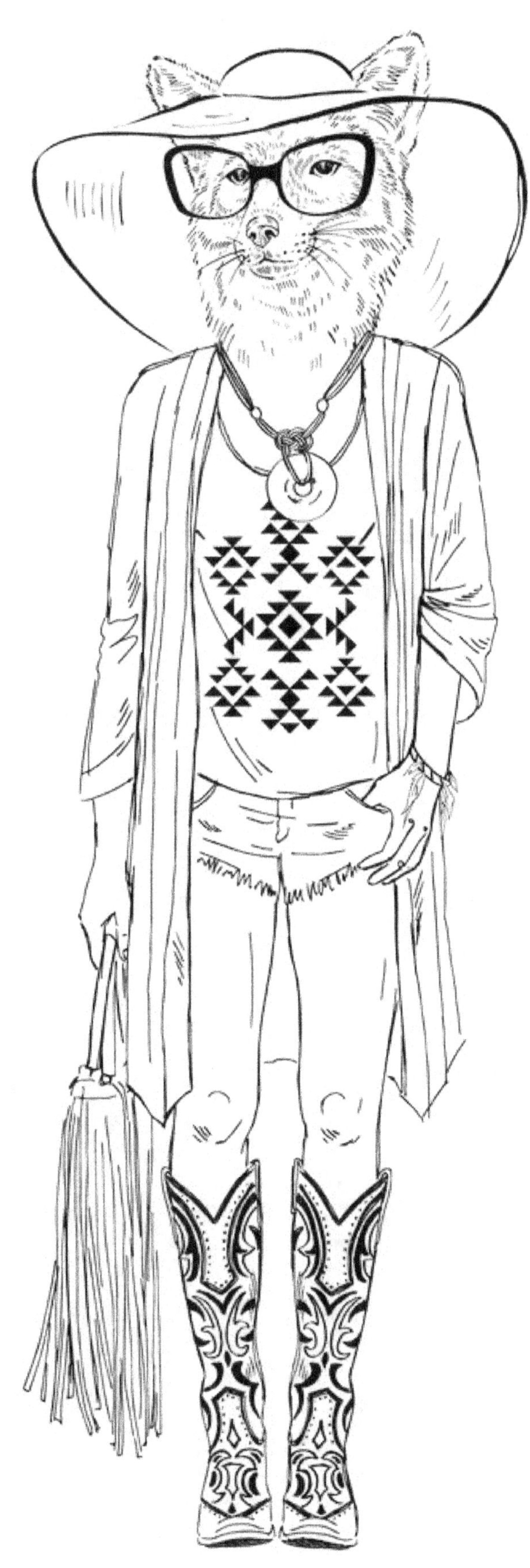

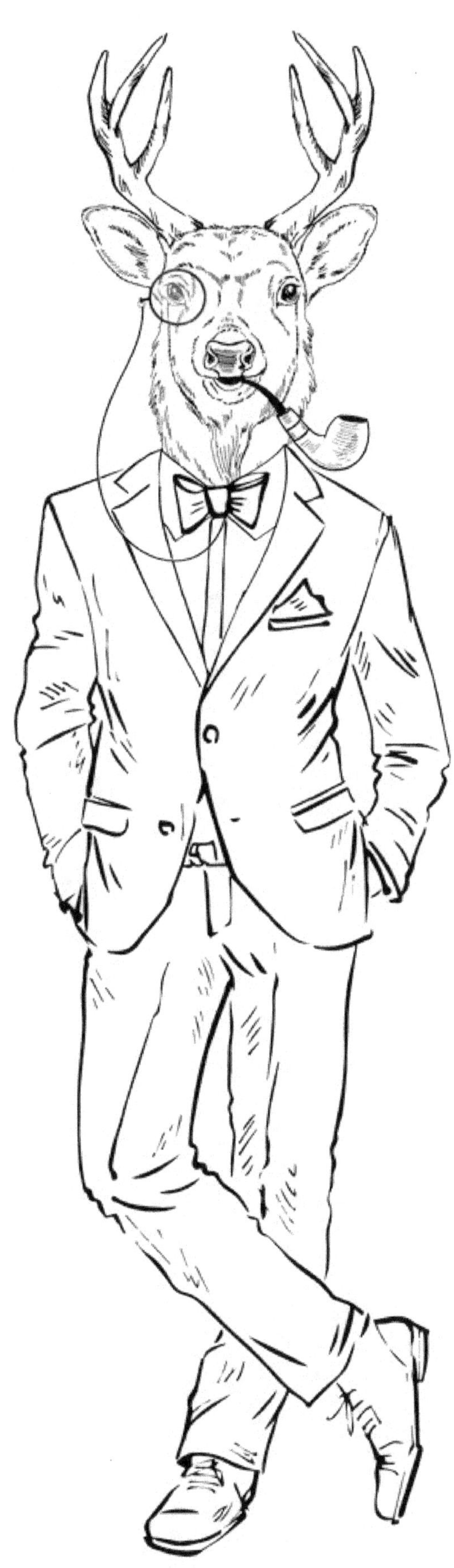

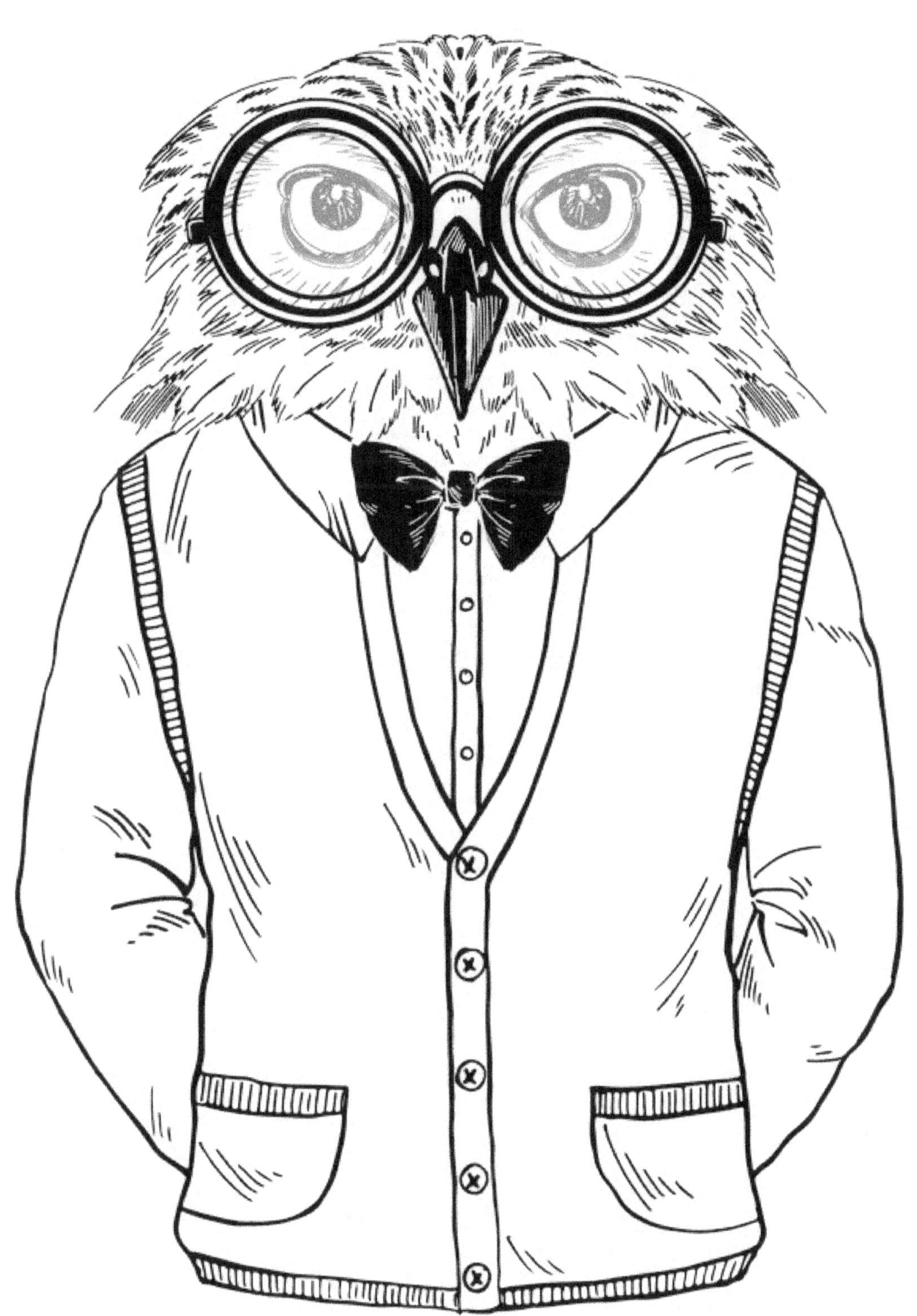

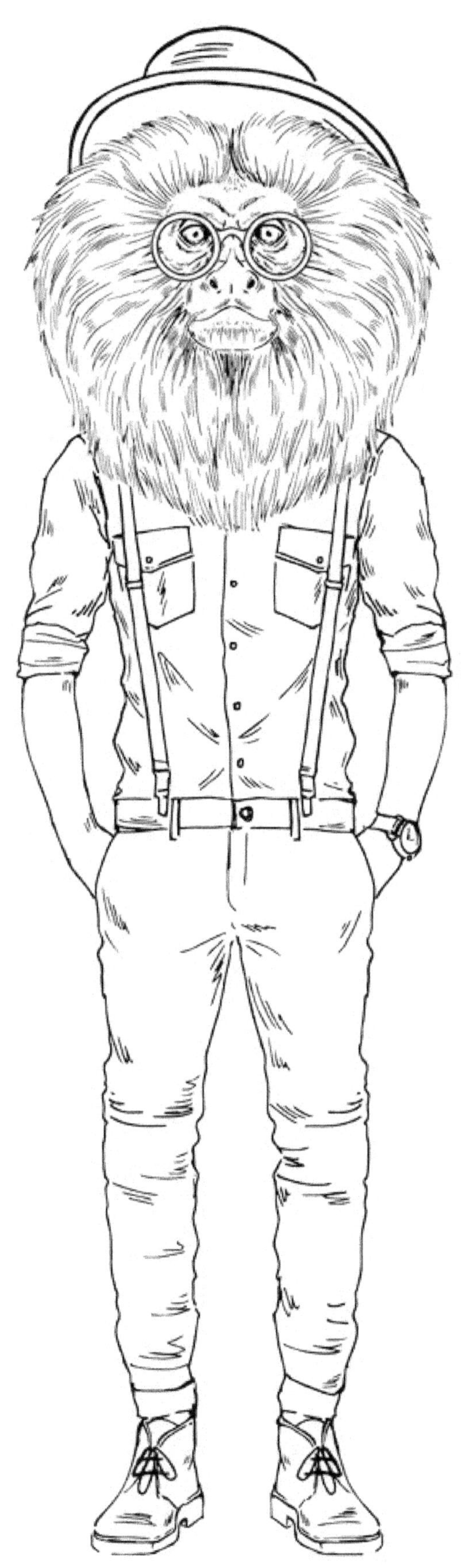

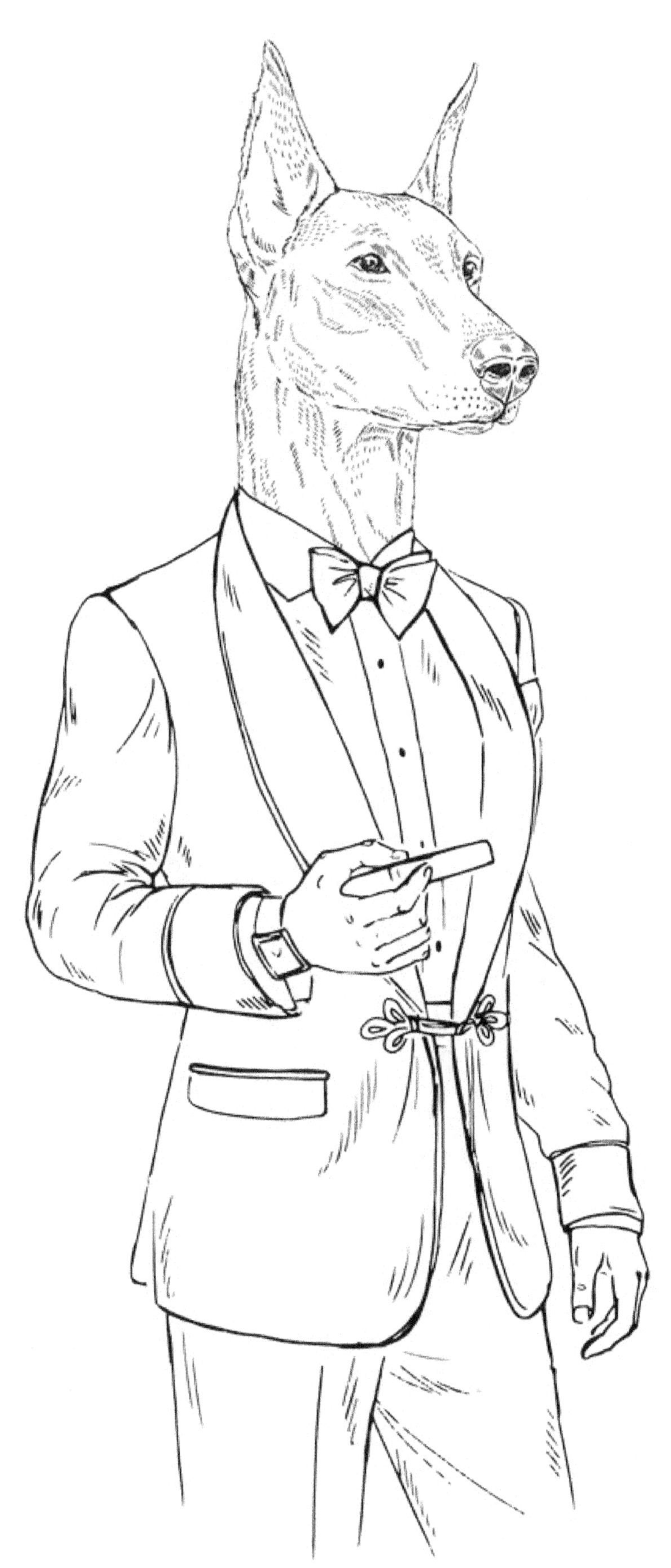

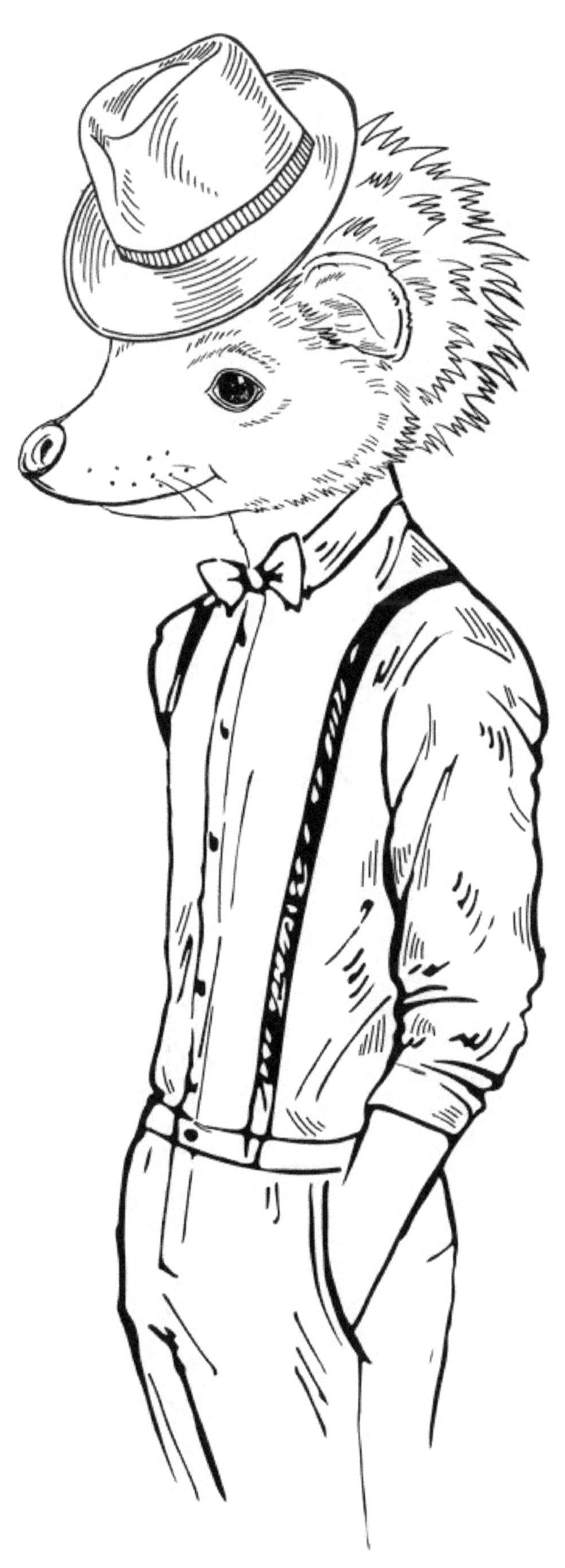

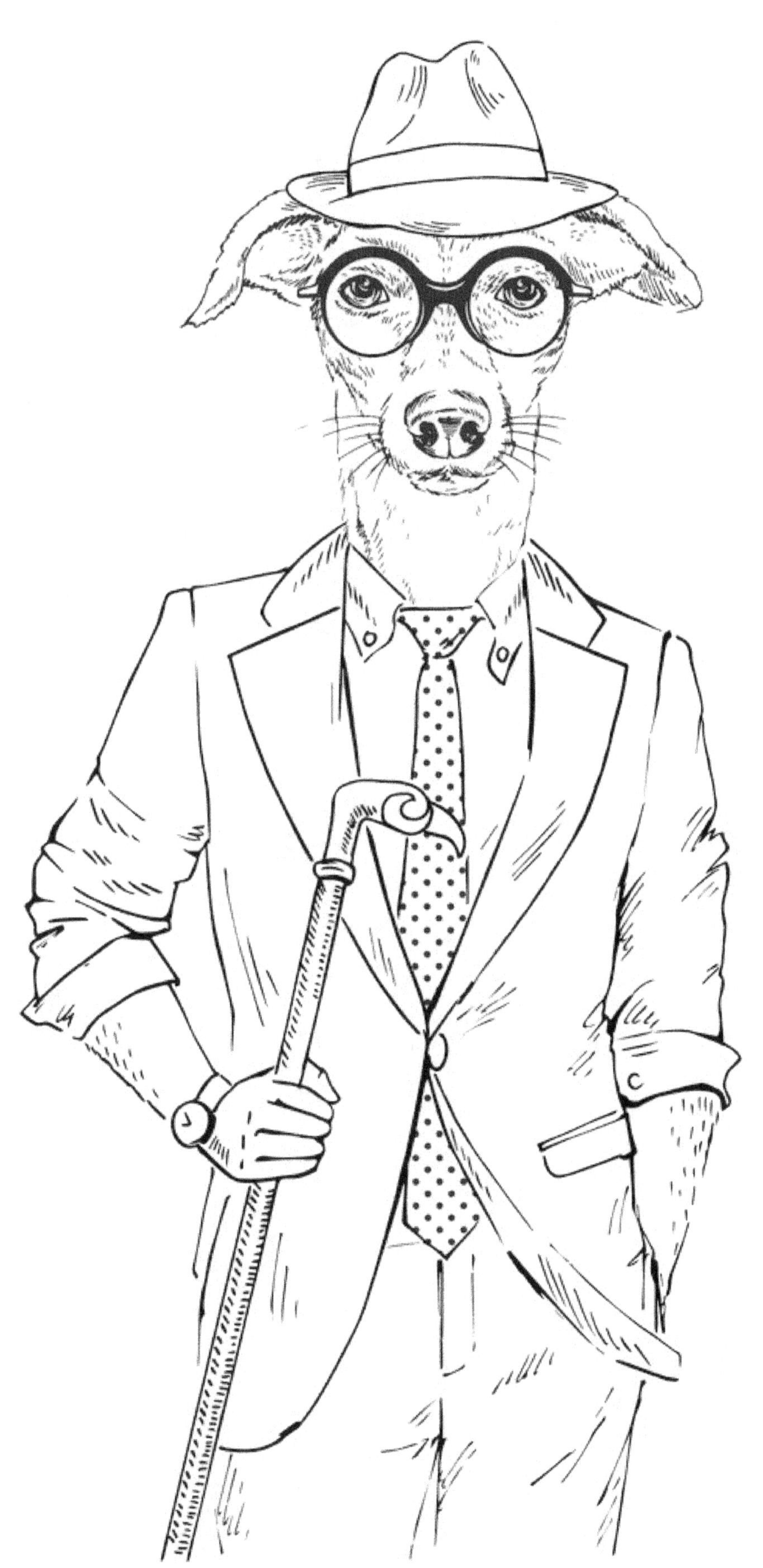

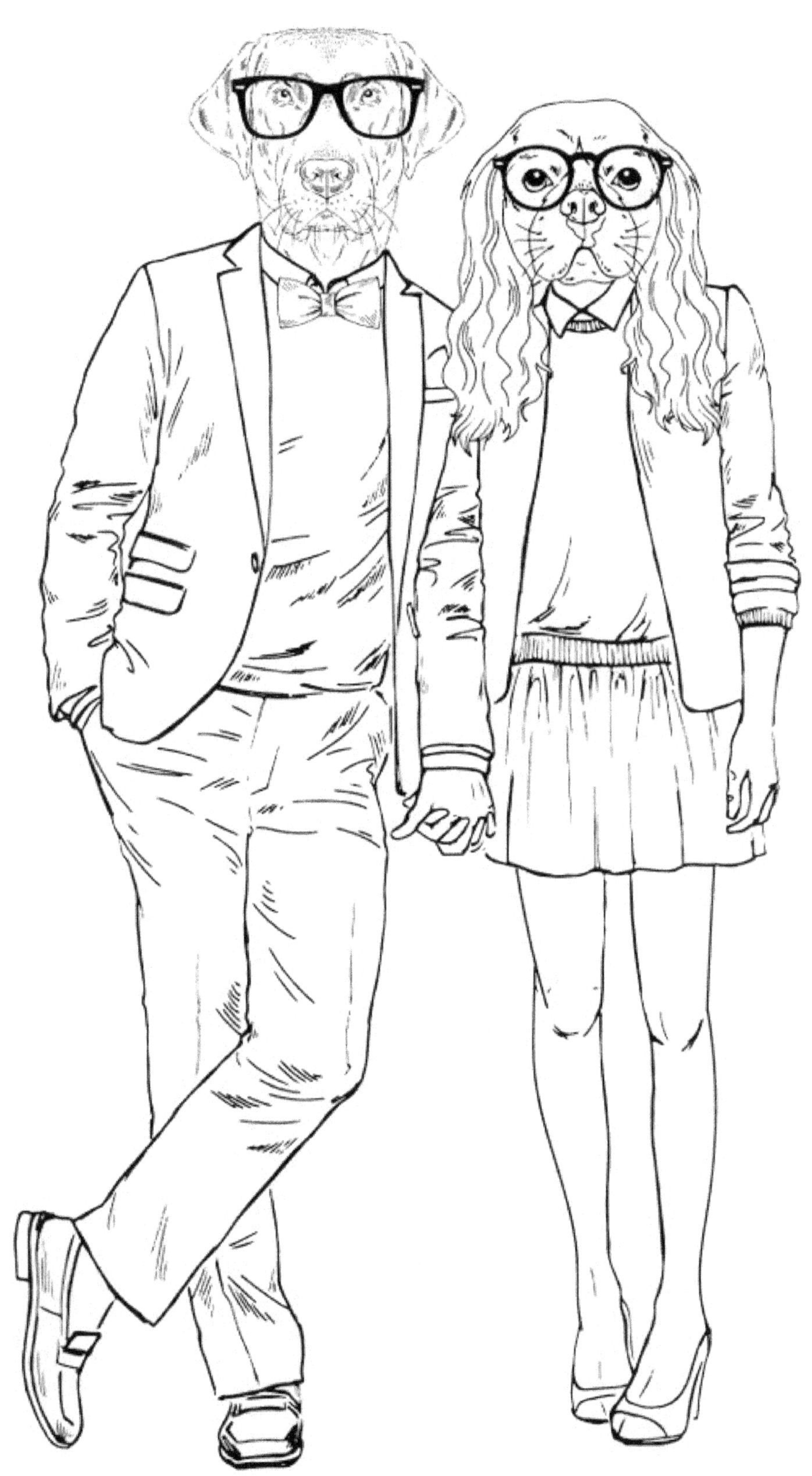

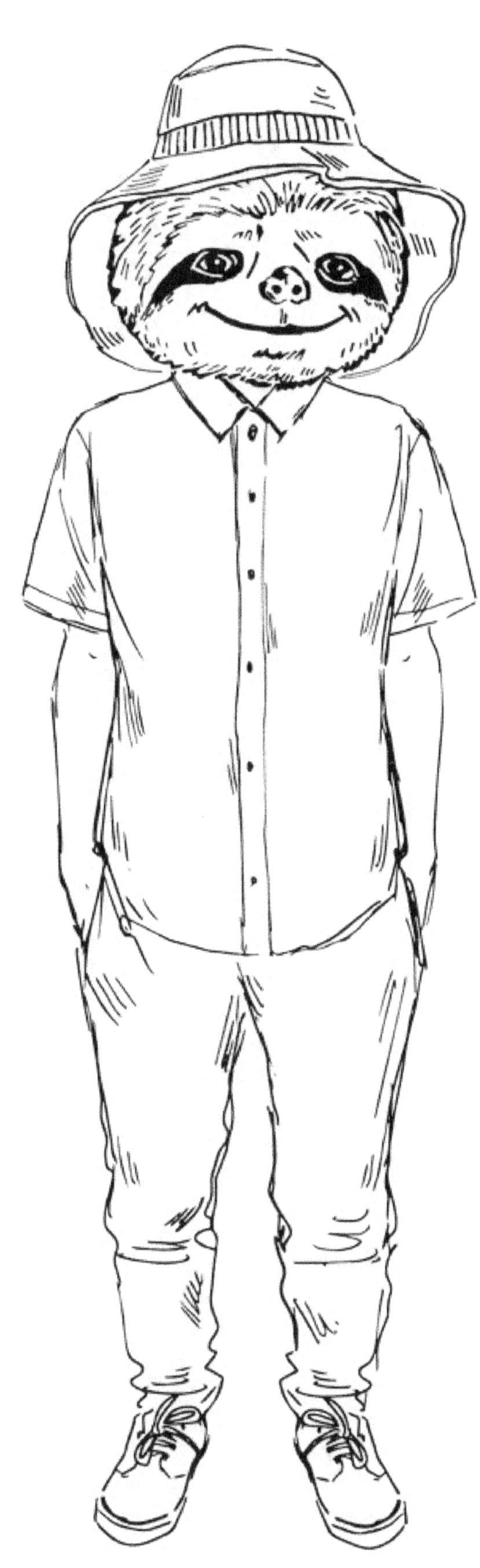

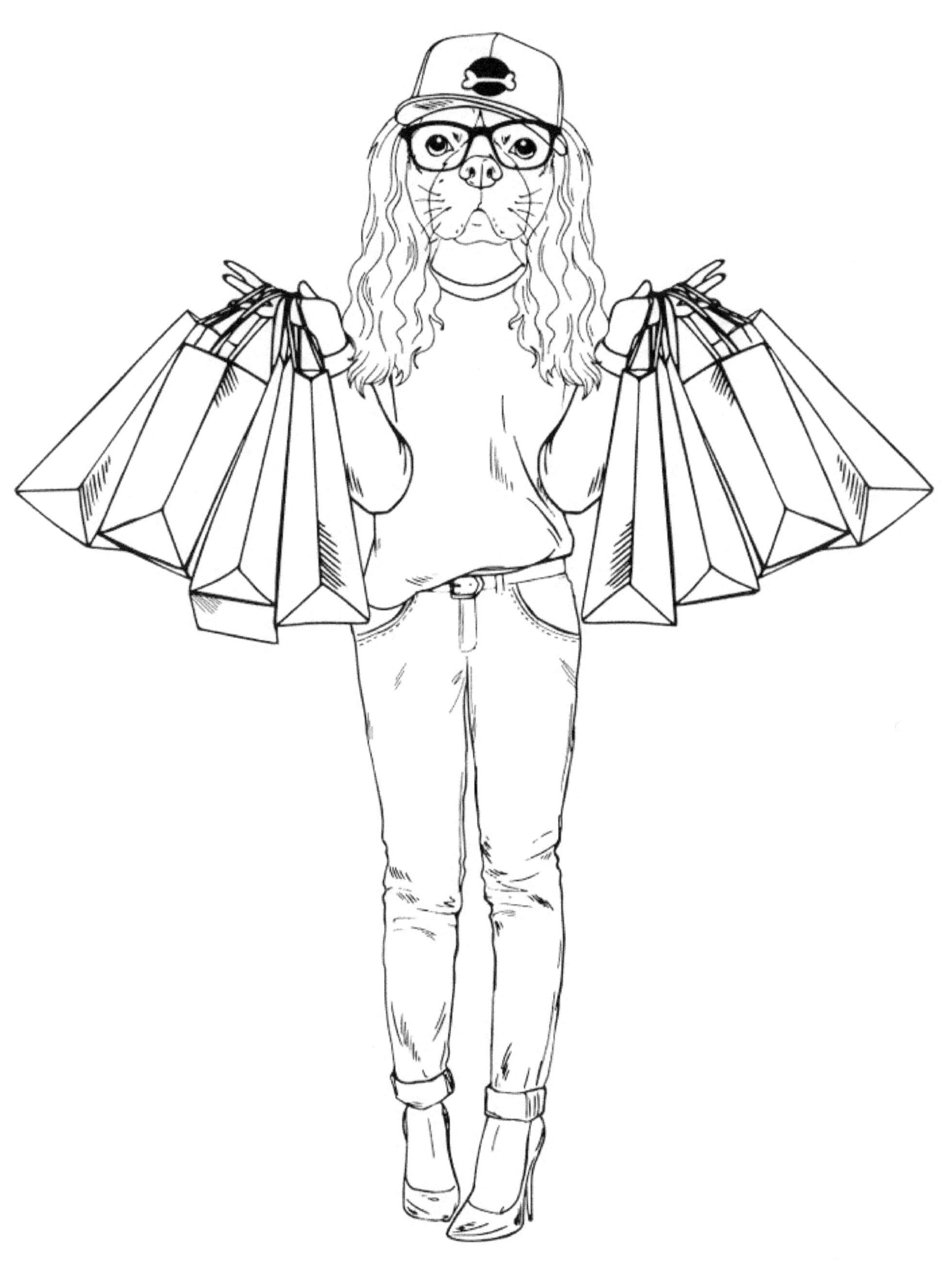

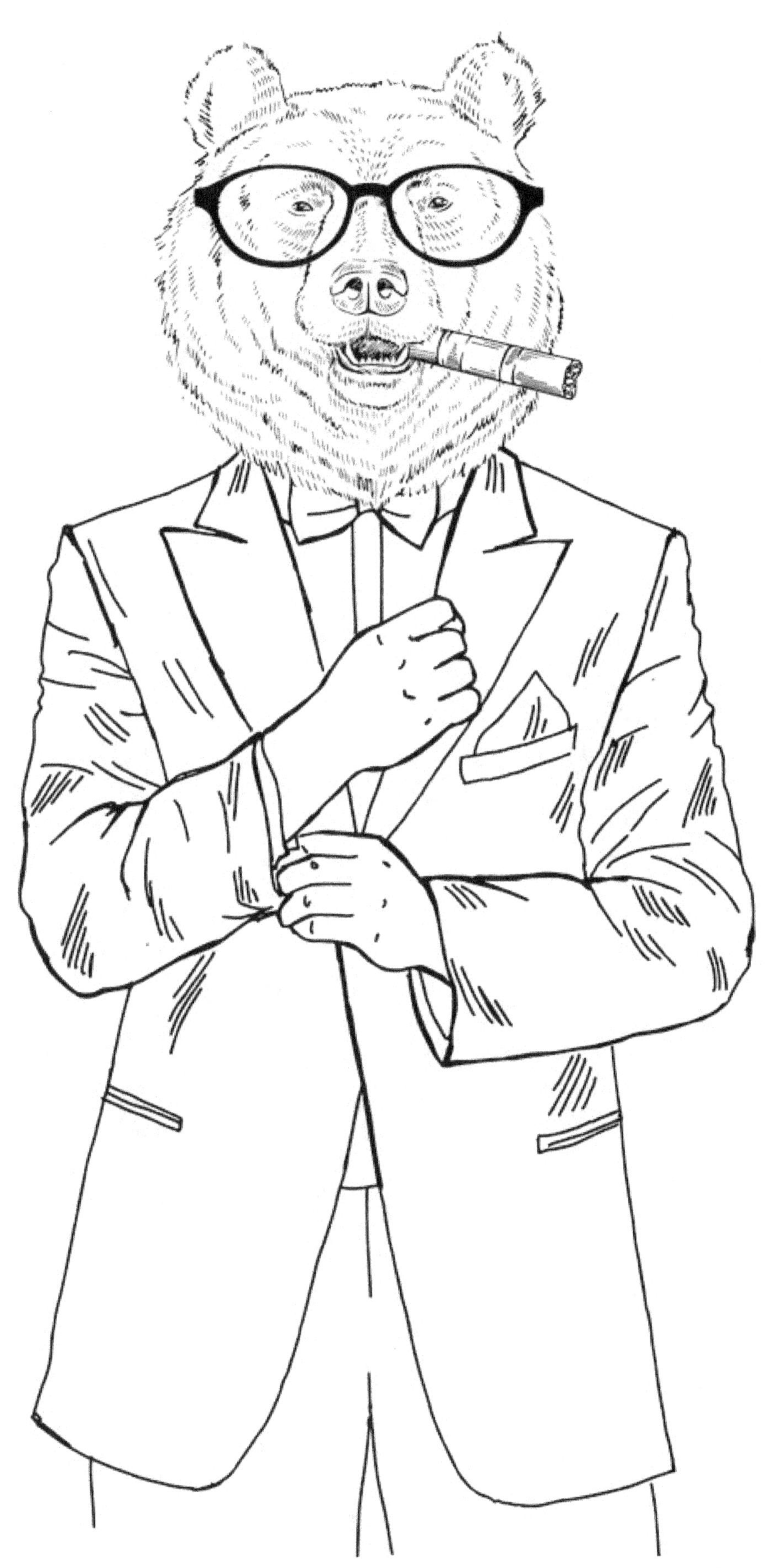

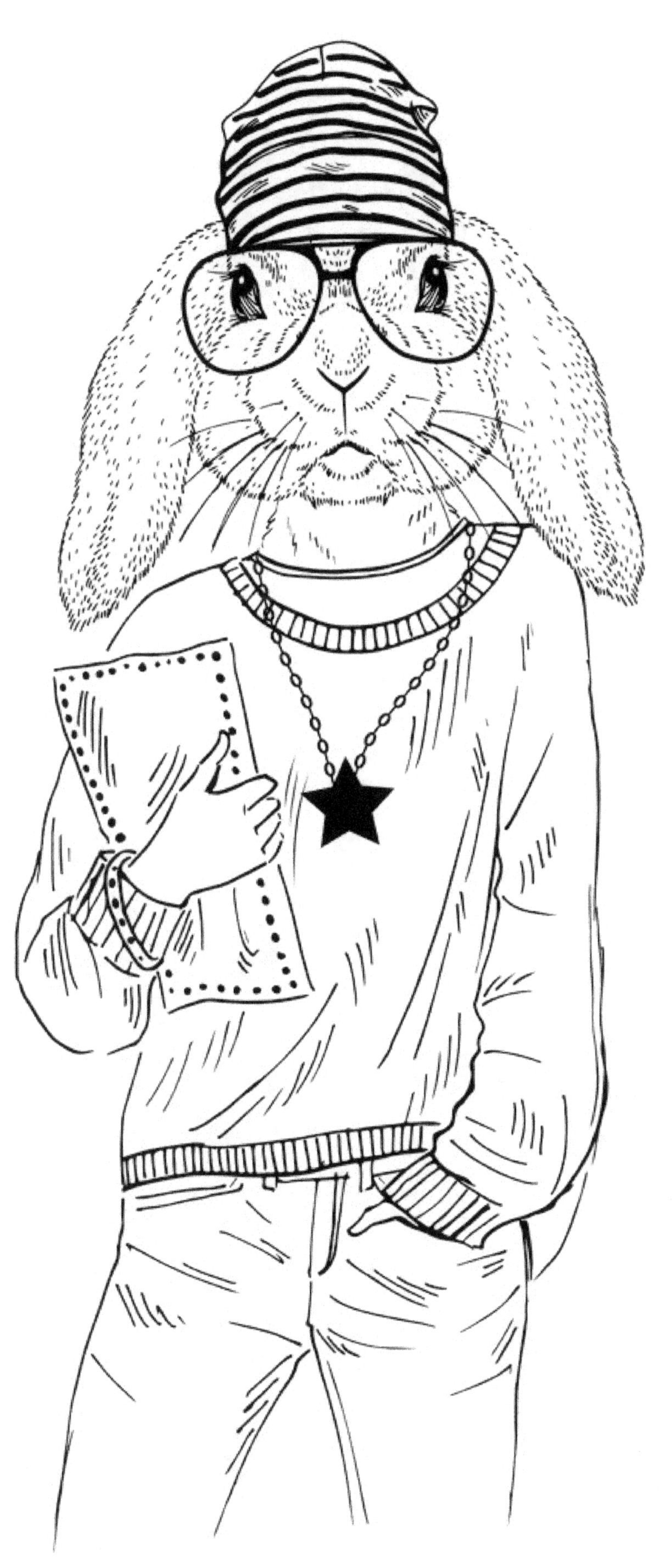

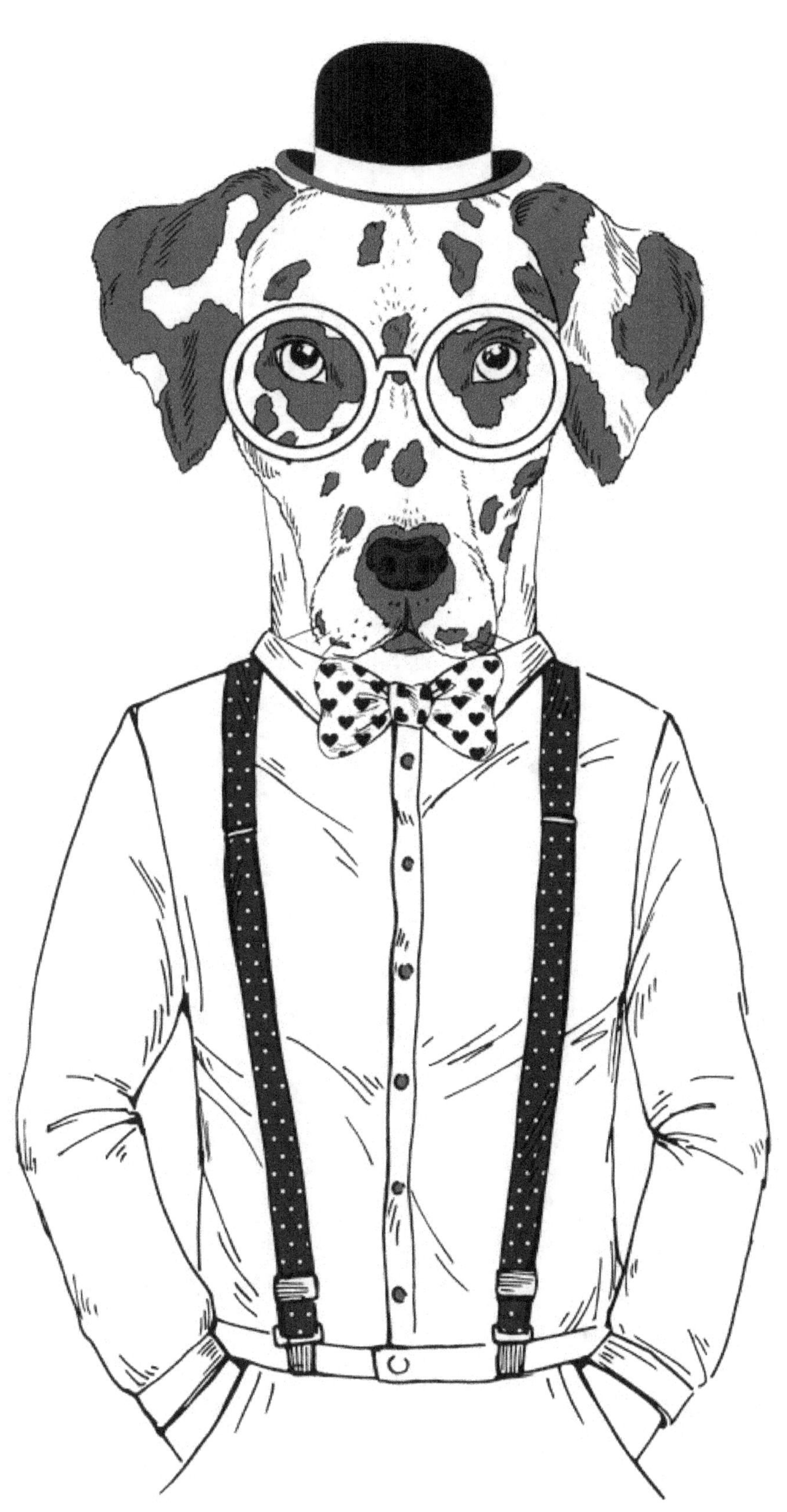

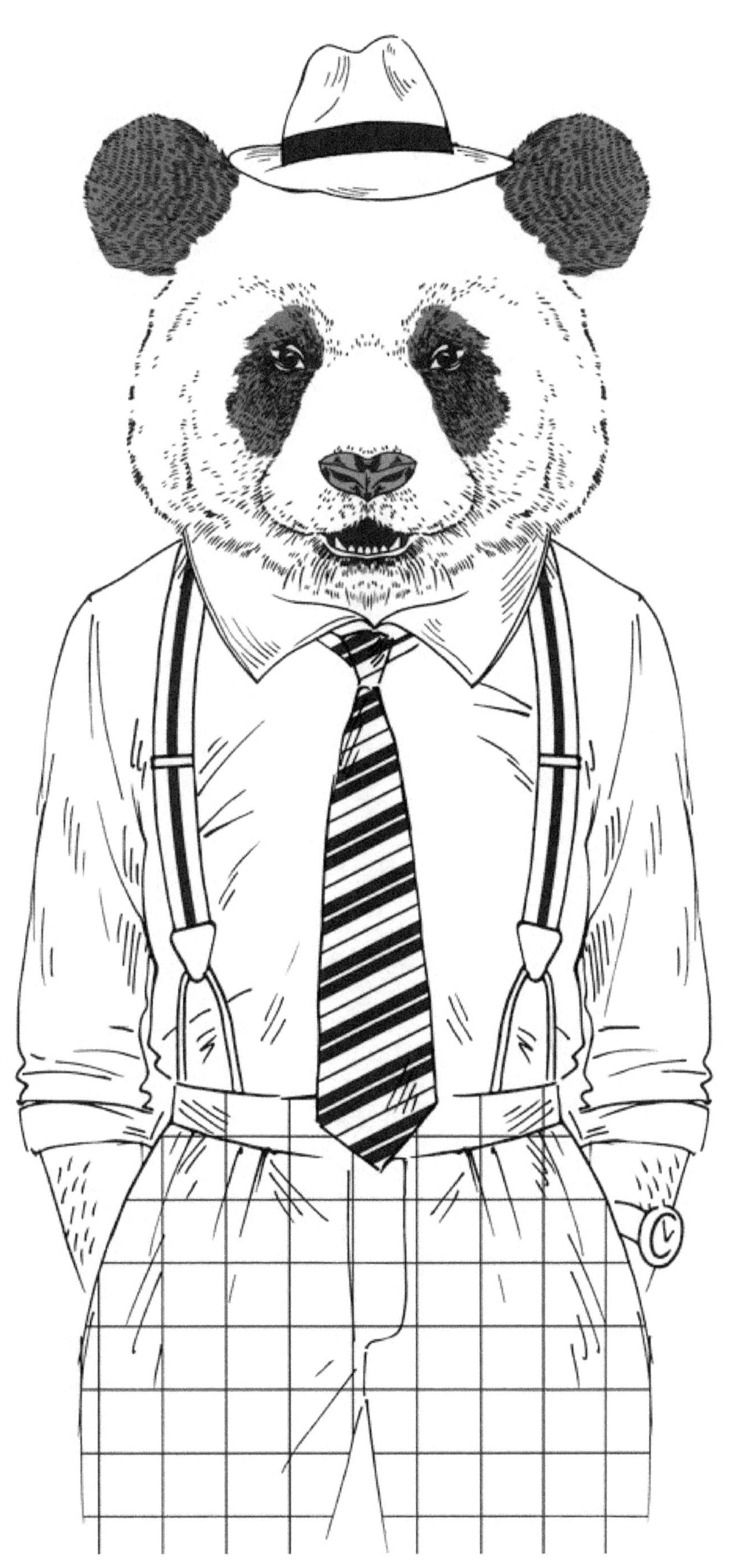